Nita Lindenberg · Zauberkraft Erinnerung

Nita Lindenberg

Zauberkraft Erinnerung

Biographische Skizzen einer Baltin

Urachhaus

CIP-Kurztitelaufnahme der Deutschen Bibliothek

Lindenberg, Nita:
Zauberkraft Erinnerung : biogr. Skizzen e. Baltin /
Nita Lindenberg. – Stuttgart : Urachhaus, 1986.
ISBN 3-87838-469-6

ISBN 3 87838 469 6

© 1986 Verlag Urachhaus Johannes M. Mayer GmbH, Stuttgart.
Satz und Druck der Offizin Chr. Scheufele, Stuttgart.

Inhalt

Lebensbilder

Biographisches

Am 1. Mai 1900 bin ich in St. Petersburg, der damaligen russischen Hauptstadt, als erstes Kind meiner Eltern geboren. Ich wurde den Gesetzen entsprechend griechisch-orthodox getauft. Mein Vater, Deutsch-Balte, Chefarzt an der staatlichen Irrenanstalt Udelnaja bei Petersburg, war Nachfahre der bekannten Maler- und Schriftstellerfamilie von Kügelgen. Meine Mutter, aus russischem Uradel, Bojaren, mit englischem Großvater, beschloß, ihre Kinder vor Konflikten zu bewahren und sie ganz als Deutsch-Balten zu erziehen. Dennoch ist dieses erste russische Lebensjahr sehr prägend für meine »russische« Seele geworden.

Mein Vater wurde 1901 als ärztlicher Leiter und Direktor der von den baltischen Ritterschaften zu gründenden Landes-Irrenanstalt »Seewald« bei Reval (Provinz des zarischen Rußland) berufen und ging zu einer Spezialausbildung nach Heidelberg. So lernte ich laufen und sprechen in einer Universitätsstadt. Meine Kinderfrau und ich, beide schneeweiß gekleidet, promenierten vor dem Schloß, wobei ich höflich grüßte. Mein erstes Wort war Mond. Seewald wurde 1902 eröffnet, und dort verbrachte ich mit nachfolgenden drei Geschwistern eine ungewöhnlich reiche Kinder- und Jugendzeit. 1904/05 war der russisch-japanische Krieg, der bis ins Kinderzimmer hinein Wellen schlug, danach die erste Revolution. Um die Anstalt zu schützen, wurden viele Kosaken mit ihren Pferden einquartiert, die mir durch grobe Rohheit tiefen Eindruck machten. Die Gesetze wurden nach der Revolution geändert, und ich durfte beim Probst Winkler von Reval nun evangelisch getauft werden. In den Jahren 1906 bis 1915 wurden wir teils von Privatlehrern, teils in den von allen baltischen Eltern unterhaltenen höheren Schulen (ich in der einen, die zwei Schwestern in der anderen) unterrichtet und lernten früh, trotz vieler Russifizierungsversuche der Regierung, für unsere deutsche Muttersprache einzustehen und Opfer zu bringen. Diese Jahre brachten viel: glückliche Schule, frohe Feste, Tanz, Hauskonzerte, Schlittenfahrten, regen Verkehr mit dem Rittergut Sutlem (Onkel Eduard und Tante Else), wo ich die Jüngste war (siehe »Sking«), viele Unternehmungen mit den Kindern Gitta und Isa, besonders auch wenn sie im Winter in ihrem Stadthaus in Reval wohnten. Wichtig waren die Großmutter und Tante im alten Patrizierhaus in Reval, die oft die Eltern während ihrer häufigen Reisen vertraten. Und wichtig war auch die russische, rätselhafte, liebenswerte, unendlich fremde und zärtliche Verwandtschaft in St. Petersburg.

Mein liebster Spielplatz war die Siechenabteilung in der Anstalt meines Vaters. Meine spätere Tätigkeit als Heilpädagogin hat hier ihre Wurzeln. Ich fühlte mich den sogenannten Geisteskranken verbunden.[1] Mein Lebenshorizont erweiterte sich, als ich mit neun Jahren drei Monate lang mit meiner Mutter in Portofino in Italien war.

1910 arrangierten meine immer regen und interessierten Eltern einen pädagogischen Kongress in Seewald mit Vorlesungen in der Stadt Reval; Professoren aus Deutschland, Skandinavien usw. nahmen teil, was viel Bewegung ins Haus brachte. Ein Pferd Efta wurde speziell für die Fahrten der vier Beteiligten jungen Mädchen E. F. T. A. gekauft. Wir Kinder waren oft dabei, wenn Prof. Heinrich Scharrelmann, die be-

---

1 Siehe »Sich selber fremd«, 3. Aufl., Verlag Urachhaus 1981.

rühmte schwedische Frauenrechtlerin Tryk Helenius u. a. die Dispute leiteten, und wurden oft scherzhaft einbezogen. Ein besonderer Reichtum in meiner Entwicklung war das große, altehrwürdige Pastorat Haggers, das auf die baltische Jugend einen unbeschreiblichen Einfluß ausübte, ein Kulturzentrum ersten Ranges.

Mein Vater reiste 1911 mit uns Kindern und der Hauslehrerin zu meinem Onkel nach Südrußland in die Steppe an der Wolga. Im gleichen Jahr wurde mein Bruder geboren. Nach drei Töchtern welch Höhepunkt in der Familie!

1912/13 baute mein Vater für meine Mutter ein Landhaus am Meeresufer auf einer einsamen Düne am Walde im schwedischen Stil, zehn Zimmer, ein rießiges Strohdach, unter welchem eine rege Gesellligkeit entstand. Die Einweihung erlebte ich nicht, weil ich allein zu den baltischen Verwandten in Deutschland reisen durfte. Ich kam sehr selbständig zurück.

Der Erste Weltkrieg brach aus. Meine Mutter bekam Hilferufe vom evangelischen Pastorat in Moskau. Die deutschen Kriegsgefangenen hätten es sehr schlecht, wir sollten Kleidung etc. schicken. Es entstand eine große, heimliche Tätigkeit, drei Schneiderinnen saßen an den Maschinen, warme Anzüge wurden genäht. Den estnischen Kutschern traute man nicht. Sie hätten zu leicht denunzieren können. So holten wir Kinder täglich von allen befreundeten Familien Pakete ab. Mein Vater packte und nagelte jede Nacht die Spenden in Kisten, die wir Kinder auch nachts zur Bahn brachten. Alle wußten, wie verboten es war, »dem Feind« zu helfen, aber wer konnte seine deutschen »Blutsverwandten« im Stich lassen? Es gab Haussuchungen, meine Mutter, die sich selbst in Moskau informieren wollte, wurde unterwegs verhaftet und nur dank ihrer Beziehungen zum Zarenhof wieder freigelassen. Voll Humor lud sie alle Freunde zu einem »Verbrecher-Souper« ein, es wurden Kochbücher gewälzt und konspirative Titel für die Menükarte gefunden: »Kettenhering«, »Warschauer Bomben« usw.

Das Jahr 1915 brachte das Ende meiner Kindheit. Ich kam auf das geliebte Pastorat Haggers, um dort mit Gitta und Isa auf die Konfirmation vorbereitet zu werden. Noch bevor diese Feier stattfand, traf ein reitender Bote mit der Nachricht ein, unsere Eltern seien mit 24 Stunden Frist mit vielen Freunden nach Sibirien verbannt worden. Wir blieben allein. Schon im Herbst 1915 wurden wir Mädchen den Eltern nach Sibirien nachgeschickt. Nach der sechstägigen Bahnreise ging es in Schlitten von der Bahnstation Krasnojarsk auf dem gefrorenen Riesenstrom Jenisseij bis zur nördlichen Stadt Jenisseijsk, die fast nur von politischen und kriminellen Inhaftierten bewohnt wurde. Dort begann für die etwa zwölf Kinder unseres Kreises ein streng geregeltes Leben. Die Erwachsenen, darunter neun Pastoren, teilten sich in den improvisierten Schulbetrieb. Es gab sowohl Latein wie neue Sprachen, »Anstandsunterricht« mit Knicks und Handkuß, Mathematik, Chemie, Kirchengeschichte, Religion, Grammatik. Man hatte von den ansässigen Einwohnern Häuser gemietet, wir Kinder brachten Essen zu den weniger Beweglichen unseres Freundeskreises, und nachts von halb zwölf bis zwei Uhr wurden an der Hintertür Kriegsgefangene aus entlegenen Dörfern gespeist und gekleidet. Meine Mutter ließ eine Köchin und ein Dienstmädchen aus der Heimat kommen und hatte wie Tante Else einen Tisch für die Junggesellen. Auf Fensterbrettern wurden Salatblättchen für unseren vierjährigen Bruder als einzige Vitaminquelle gezogen. Es wurde nun, näher der Bedürftigkeit, erst recht eine Hilfsorganisation für die Kriegsgefangenen aufgezogen, wobei die vielen, ebenfalls verschickten Juden sehr hilfreich waren. Nach dem Krieg bekam meine Mutter von Friedrich Ebert die »Große Plakette Dank des Deutschen Volkes«, die auch Elsa Brandström erhielt.

10

1917 erkrankte meine jüngste Schwester am Blinddarm. Ich mußte sie in die alte Heimat begleiten. Wir Kinder waren ja frei. Nach gelungener Operation brachte eine Pastorin sie wieder nach Jenisseijsk, während ich bei Freunden zurückblieb und Privatunterricht erhielt. Da kam die Nachricht, meine Mutter sei schwer erkrankt, sie würde aber nicht freigelassen, und ihre einflußreichen Petersburger Verwandten baten den Zaren persönlich und mit Erfolg, sie für Japan zu »begnadigen«. Die politische Lage wurde bedrohlich, darum ließ mein Vater mich nach Japan nachkommen (siehe »Anastasia«).

Meine Eltern hatten in Japan eine Villa gemietet, und die zwei Schwestern gingen in die trotz des Kriegs nicht geschlossene deutsche Schule. Ich kam in das Elite-Internat Sacré Coeur, wo ich erstmals mit dem Katholizismus in Berührung kam. Durch den japanischen Außenminister, Graf Motono, kam unsere Familie in die höchsten japanischen Kreise. Besonders schön war ein Empfang des Kronprinzen (des heutigen Kaisers) mit 5000 Gästen, Diner, Chrysanthemenwunder. Ein anderes Mal war im Auswärtigen Amt mein »Debut«. Mir sind besonders die Kandelaber aus Eis, in welche lebende Blumen eingefroren waren, in Erinnerung.

Nach dem Zusammenbruch des Zarenreiches 1918 begann unsere Heimreise quer durch Rußland in die alte Heimat. Statt 12 dauerte sie 88 Tage. Wir hatten noch zwei psychisch kranke Damen mitgenommen, und mit den Eltern, vier Kindern, der Köchin waren wir neun Personen. Die oft tödlichen Gefahren bei dieser Odyssee ertrugen wir nur dank des Mutes und der Zuversicht der Eltern, die wußten, daß Engel uns führen.[1]

Die Jahre 1918 und 1919 brachten einen schweren Neubeginn in Seewald. Es herrschte Hungersnot im Land und

1 Siehe »Sich selber fremd«, a. a. O.

Krieg gegen die anstürmenden Bolschewisten. Alle Männer von 15 bis 70 Jahren nahmen an den Kämpfen teil. Mein Vater richtete ein kleines Lazarett für die baltischen Freiheitskämpfer ein. 90 Schülerinnen und 11 Lehrerinnen eines deutschen Mädchengymnasiums mußten fliehen und wurden ebenfalls bei uns aufgenommen. Der Schulbetrieb wurde weitergeführt. In unserer Scheune fand eine Herde von 90 teuren Rassekühen Platz. Wir Kinder lernten, pflegten und molken.

1919 machte ich in der Grothschule das Abschlußexamen. Im Zeugnis stand: »Sie hat sich durch Fleiß und Ernst ausgezeichnet.«

Der estnische Staat wurde mit Deutschlands Hilfe konsolidiert. Er verlangte klare Entscheidung: Bleiben oder Auswandern. Meine Schwester und ich wanderten aus (siehe »Schicksalsfaden«). Auf einem Salz- und Holztransporter, es gab noch keinen Schiffsverkehr, fuhren wir 22 Tage durch die verminte Ostsee.

In Berlin, im Herbst 1919, empfingen uns Onkel Eduard und Tante Else. Sie besorgten mir einen Platz als Schwesternschülerin in Berlin, meiner Schwester einen Schulplatz in Göttingen. Hier hörte ich zum ersten Mal von der Anthroposophie, weil meine Schwester Vorträge von Rudolf Steiner besuchte. Zusammen mit vier anderen Baltinnen lernte ich eifrig, um bei dem Schwesternexamen zu den Besten zu gehören, was wir auch erreichten. Meine geliebte Schwester Else starb 1921 kurz nach ihrem Schulabschluß, und meine Mutter holte mich nach Hause.

Wieder in Seewald machte ich Privatpflegen und tauchte ganz ein in das heimatliche Leben. Der deutsche Gesandte v. H. war Mittelpunkt in der bunten, geistvollen Geselligkeit. Zwei seiner Legationsräte waren Anthroposophen. Sie brachten Redner aus Deutschland herbei, z. B. Rudolf Meyer. Es wurde viel Theater gespielt, Hauskonzerte, Schlittenfahrten und Bälle wurden veranstaltet.

12

1923 heiratete ich den Gesandten Otto von Hentig und war mit ihm in Bulgarien, als die erste Tochter zur Welt kam. Ihre Patin war die Schwester des Königs, Prinzessin Eudoxia. Danach lebten wir in Polen (Posen), wo der Sohn 1925 geboren wurde.

Die Ehe mit Otto von Hentig zerbrach leider 1926. Danach war ich beruflich tätig: beim sozialen Amt der Studentenschaft in Berlin, als Gutsverwalterin in der Grenzmark, als Oberin in einem Schwarzwaldsanatorium.

1929 konnte ich mit Hilfe der Verwandten ein eigenes Sanatorium gründen, das ich erst im Erzgebirge, dann in Dresden-Neustadt führte, wegen der Nähe zur Waldorfschule. Es gab eine rege Zusammenarbeit mit den ersten großen bekannten anthroposophischen Ärzten: Dr. Siegfried Knauer, Dr. Suchantke, Dr. Magerstädt.

1932 heiratete ich Dr. phil. Horst Lindenberg, Pfarrer in der Christengemeinschaft in Berlin. Wir bekamen sechs Kinder, drei von ihnen wurden später in München geboren.

Als Hitler zur Macht kam, begann eine Zeit der Vorsicht und Unsicherheit. Die Waldorfschule wurde verboten, 1941 dann auch die Christengemeinschaft. Mein Mann wurde verhaftet, kam wieder frei und begann 1942 ein Medizinstudium, während ich mit den Kindern zu befreundeten Bauern nach Oberbayern aufs Land zog.

1943/44 bauten wir ein Häuschen (siehe »Behelfsheim«). Dort nahm ich Kinder auf, die dem Nazi-Regime entzogen werden sollten. Mein Mann arbeitete als Arzt in Posen und später in München.

Im Jahre 1945 gründete ich in München ein offizielles Kinderheim. Ich führte es, bis mein Mann 1957 nach Köln versetzt wurde. Er war seit 1945 wieder als Pfarrer tätig. In Köln übernahm ich die Leitung eines Heimes des Vereins »Lebenshilfe«. Kurz davor konnte ich eine dreimonatige Reise zu meinen Kindern nach Peru machen. An der Päd-

13

agogischen Hochschule in Köln legte ich das Abschlußexamen der Heilpädagogischen Kurse ab.

Von 1961 bis 1964 war ich Heimleiterin des »Granerhofes«, eines heilpädagogischen Heimes in Oberbayern.

Mein Mann wurde 1964 nach Düsseldorf versetzt. Im gleichen Jahr mieteten wir ein 450 Jahre altes Haus in Pöttmes. Seither pendle ich zwischen diesen beiden Wohnungen hin und her und halte in Pöttmes einen Sammelpunkt für die große Familie bereit: Für acht Kinder, Schwiegerkinder, 23 Enkel, acht Urenkel und vor allem für meinen Mann in den Ferien, und sobald er in den Ruhestand versetzt wird.

Einige Jahre war ich als Bildhauerin tätig und erhielt den Schwabinger Kunstpreis. Etliche Brunnen in München »zieren« meine Skulpturen. Sie stehen in Privatgärten, auch im Rheinland.

1969 erschien mein erstes Buch »Sich selber fremd«. In den Jahren 1980 bis 1983 verfaßte ich eine »Denkschrift« über die Familie von Kügelgen, übersetzte ein russsisches Buch und schrieb etliche Gedichte. 1983/84 lag ich nach schwerem Unfall fünf Monate im Krankenhaus. Danach kehrte ich nach Pöttmes zurück und vollende hier mein zweites Buch. Mein Mann hütet und geleitet alles Tun.

Ein Goldenes Füllhorn

Schicksalsfaden

Gleich den Eisheiligen, die in meiner oberbayerischen Wahlheimat ihren erkältenden Hauch über die Blüten blasen, kam in der alten baltischen Heimat das »Ladoga-Eis« mitten in die Maiwärme und erfüllte uns jedesmal mit Angst. Was da fern in Rußland taute, schmolz und brodelte, war nicht das Unsere. Dort lag das Riesenland und ließ seine Gesetze, seine Sprache, seine Willkür und sein Eis über uns hinrollen; das Bewußtsein dieses Nachbarn war uns immer gegenwärtig.

Da standen wir Kinder am Meeresufer und sahen die Eisblöcke vom Ladogasee wie Schwäne ihre Straße ziehen. Sie kamen aus süßem Wasser, auf dem Rücken der Neva, durch die Märchenstadt Petersburg, wo der Zar wohnte, sie umspülten die Festung Schlüsselburg, zogen vorbei an der alten Grenzstadt Narva und ihrem östlichen Widerpart Iwangorod und schwammen endlich durch unser Meer. Das salzige Wasser fraß das Gefieder der Schwäne, schon wurden es Enten und, bei Schweden, nurmehr Möven, dann Zuckerstücke, dann nichts. Die Kälte drang ans Ufer und erfror uns die Nasen. Am Strand aber lagen nach dem Eisgang komische achteckige Holzwürfel, die wir eifrig ins Trockene zogen; die übers Ufer tretenden Wasser hatten sie in Petersburg losgerissen, wo alle Straßen damit wie Parkett gepflastert waren, nichts konnte die Pracht und die Macht dieser Stadt besser anzeigen.

Wir erinnerten uns an frühe Besuche mit Mutter in ihrer Stadt. Da trabten die hurtigen Wagen plock plock über das Holz. Da gab es keine Straße, die nicht über die Neva oder an ihr entlang führte. Da war alles fremd, feindlich und doch voll einer unerklärlichen Liebe. Denn die Verwandten dort, mit der fremden Sprache, waren wie Götter, immerfort spendend und zaubernd. War man bei ihnen, so fiel wohl aus der Serviette beim Mittagessen ein Geldbeutelchen aus Saffian, und darinnen lag ein Goldstück. Oder es hielten muntere Pferde vor der Tür und führten uns über das Parkett der Stadt hinaus auf die »Inseln«, wo grüßend und genießend viele andere Kutschen ebenso ziellos und freudig mitfuhren.

Schon sprang Onkel Kescha bei Tisch auf, breitete seine Serviette aus, fing damit hops! aus der Luft einen Sonnenstrahl, ließ uns alle ihm folgen, dem listigen Zaubermann, und sieh! der Strahl blieb auf der Serviette, den Eßsaal hindurch, den Flur entlang und verschwand im großen Spiegel. Dort aber holte ihn der Onkel wieder hervor »Komm, Häschen« und trug ihn fein zum Flurfenster hinaus. Und als wir lachend auf unsere Plätze stürmten, da war er wieder da, der Sonnenstrahl, auf Onkel Keschas Teller saß er, und mühelos hätte man ihn wieder fangen können.

Nichts war dort wie daheim. Brennender Plumpudding wurde hereingetragen, Weine gab es sogar für uns Kinder, der Großvater war voller Güte und Musik, in seiner Gegenwart war man besser als sonst, er rief es hervor. Tante Veta tat einem bunte Kräuter ins Badewasser, daß man feenhaft da lag, duftend und dreimal so sauber wie bei Minna daheim. Tante Schouta führte uns durch Großvaters Wohnung, die mitten in den riesigen Räumen Stufen hatte, treppauf und -ab. Da hing ein Bild, so groß wie eine Wand, es zeigte die drei Schwestern als Kinder, Mutter die Schönste, das war klar. Fremdartig alles, die Möbel, die großblumigen Teppiche, der ganze Glanz eines großen Hauses. Und

18

dann die Küche – so finster und verhext, daß man kaum glauben konnte, daß aus solchem Dunst alle die Piroggen, Torten und saftigen Fleischspeisen hervorgehen konnten.

Das Vorherrschende blieb das Fremde. Zu sehr hatte unsere Mutter uns im Stil der herben, freien, spottlustigen Balten erzogen. Einmal waren wir, noch sehr klein, bei den Petersburger Tanten, und Mutter kam und kam nicht heim. Gegen Abend erglänzte das Bild der großen Stadt vor den Fenstern. Schlitten mit drei Pferden rasten vorüber, daß ihre Glocken nur wie ein heller Strich aufklangen, als hätte ihren Ton das Netz verschluckt, das den Pferden vom Rücken in den stäubenden Schnee hing. Wir standen auf dem Fensterbrett, die Angst vor der Nacht, vor der Mahlzeit mit dem fremden Essen und den unklaren Gebräuchen, das Weh um die Mutter, die unentbehrliche, geliebte; die Fremde, die Fremde lastete auf uns und machte uns stumm. Feindlich widerstanden wir allen Trostversuchen. Mein Schwesterchen Else, erst drei Jahre alt und doch schon ein Halt für meine Verzweiflung, fand das rechte Wort: »Wir freuen uns immer, wenn unsere Mutter tot ist!« O, die Tanten verstanden! Nichts Enges gab es hier, aber erstaunt waren sie dennoch. Dies Wort blieb lange gleichsam in der Luft hängen. Der stolze Drang, unabhängig zu sein, das Recht auf die private Natur ihrer Gefühle, das Ablehnen von Mitleid, alles ist typisch für Else, deren Leben so kurz und dennoch so erfüllt war, wie nur eben ein Kunstwerk sich erfüllen kann.

Dort hinten liegen die Wurzeln, hier in Deutschland nun will ich die Frucht ernten. Dazwischen mein Leben, Knospe der Kindheit im freien Raum der Ostsee, Blüten, schwer errungene, schwer verlorene im Alter des Wanderns und Wirkens, jetzt endlich das Reifen im kleinsten Raum, was braucht der Nußkern mehr als eine Schale.

Wirklich reich sein heißt, die Grenzen seines Besitzes nicht kennen. Nie kann der goldene Beutel leer werden. So war meine Kindheit, ohne Schranken, ohne Dunkel. In Licht und Güte bin ich groß geworden, so haben die Eltern es mir bereitet. Alle Konflikte kamen nur aus der eigenen Tiefe, und damals war dann immer die Mutter da, sie gebührend in Empfang zu nehmen: »Quält nicht mein Kind!« Stieg der Teufel der Unbeherrschtheit empor, so riet sie »count ten«, und dieses einfache Rezept ihrer englischen Kinderstube hätte Wunder gewirkt, hätte nur »die Wut« mir immer Zeit gelassen, bis zehn zu zählen.

Als 1918 Krieg, Revolution und Staatengründung im Baltikum einen vor die Wahl stellten, da wählten Else und ich Deutschland und zogen das Kleid der Heimat aus. Die Esten schrieben auf unsere Pässe: »part pour toujours«. Bei mir ist das wahr geworden, wenn auch mein Fuß noch ein paarmal den Heimatboden berührte, so war doch die Wurzel ausgerissen. Else jedoch kehrte heim, ihre starke und schöne Seele kann ich mir nur über jener Landschaft schwebend vorstellen, und ihre Asche ist einem einsamen Felsen anvertraut worden, als zwanzig Jahre später des Schicksals zerstörende Hand auch die Eltern »pour toujours« aus der Heimat wies.

Der Strudel des Lebens nahm mich auf. Was aber immer geschah, Schwesternzeit, Heirat, Scheidung, neue Berufe, neue Ehe, Wohnsitz in Polen, Wohnsitz auf dem Balkan, Wohnsitz in Berlin, Wohnsitz im Schwarzwald, Wohnsitz in der Westmark und Wohnsitze in Schlesien und Sachsen, immer bin ich von allüberall aus der Unruhe und Bedrängnis, auch aus dem Glück und der Erfüllung dorthin eingekehrt, wo die ausgerissene Wurzel damals sich neu versenkte. Alte Bäume kann man nicht verpflanzen. Aber ich war so jung, das Blut des Heimwehs floß in heißen Strömen, nährte den neuen Boden und kräftigte den Wuchs. Was darüber hinaufragte, wurde hundertmal gefällt, was tuts. In der Erde dieses Landes Bayern bin ich seßhaft geworden, und aus einer

Wurzel ist ein ganzes Netz geworden, unüberschaubar, aber gültig.

Ich suche und ordne im Knäuel meines Lebens den roten Faden zu finden, den der nie loslassen sollte, der zum Geiste strebt.

Das russische Blut, die englische Ahnmutter, das baltische Herz, das Wanderleben in der großen Welt, das Erzogenwerden im deutschen Geist, die Impfung durch Sühne und Irrtum, die acht Kinder und die viele, viele Liebe, die oft so nutzlose, oft so leidvolle und dennoch immer unverzagte – sollten alle diese Elemente zusammen nicht doch ein Ganzes bilden, so zerstück und einzeln mir auch zumute sein mag? Der Weg durch mein Werden soll es offenbaren.

Und er hat es getan! Dieses schreibe ich wiederum dreißig Jahre später. »Bayern« ist es geblieben, wenn auch an einer anderen Ecke des reichen Landes. Geblieben ist alles Menschlichverbindende; das Glück; die Kinder. Aber man ist freier geworden, hat erfahren, daß das Persönliche an Wichtigkeit verliert und daß der »rote Faden« von höchster Weisheit gelenkt war; woraus ich die Zuversicht entnehme, daß er nie abreißen kann.

Portofino

Tiefblaues Wasser einer Hafenbucht. Am Ufer die Reihe der in vielen Farben getönten Häuserchen, die sich aneinander klammern und auf die Schar der hellen Ruderboote herabschauen. Dazwischen ein schmaler, steinerner Pfad, scheinbar viel zu eng, um darauf zu gehen. Rückwärts lehnt sich die Häuserreihe an eine grüne, waldige Bergwand, die steil aufsteigt und am ebenfalls tiefblauen Himmel endet. In dem Wald aus Pinien, Edelkastanien und Olivenbäumen verstecken sich die ockerfarbenen Flecken verstreuter Villen. Links vorne das Kirchlein St. Giorgio; rechts vorne das wirklich kleine Hotel Piccolo und oben in der Höhe, als protzige Krönung, das Luxushotel Splendid. Was wir hier sehen, ist nichts weiter als ein buntes Panorama auf ein Plastikschälchen gedruckt, ein kitschiges Souvenir, das man mir aus Italien mitbrachte – Portofino an der Riviera Levante.

Aber schon hat die mir immer rätselhafte Zauberkraft der Erinnerung angefangen, sich in das Bild einzuschmuggeln. Die Namen der Hotels und der Kirche, die Arten der Bäume, ja der Geruch von Meerwasser, Feigensüße und herben Pinienzapfen, Fisch und Teer, wo haben sie geschlummert? Es ist fast ein dreiviertel Jahrhundert her, seit ich dort war.

Ich war ein achtjähriges, mageres, eigenwilliges Mädchen, als mein Vater beschloß, mich dorthin nach Portofino zu bringen. Wir wohnten im baltischen Land an der Ostsee.

Die Reise war sehr lang. Erst bis Eydkuhnen an der russisch-
deutschen Grenze in den breiten östlichen Waggons, mit Vater allein im Abteil und einer Schachtel Kuchen, die ich fest
im Arm hielt, während der Zug durch die Nacht brauste. Als
wir in den schmaleren deutschen Zug umstiegen, hatte mein
Vater schon alle meine Kuchen aufgegessen, weil er nicht
schlafen konnte. Der ostpreußische Zoll ließ uns ungehemmt passieren. Man sah die baltischen Herren gern ins
Reich einreisen.

Aber nun mußten wir mit zwei anderen Wesen im Abteil
erster Klasse sitzen, auf rotem Plüsch mit Spitzendeckchen
auf den Lehnen. Entsetzlich langweilig. Ich fing an, am Ge-
päcknetz zu turnen. Sofort fuhr das eine Wesen mit Schnurr-
bart und Kneifer an einem schwarzen Schnürchen auf mich
los – ich hörte, ich sei östlich unerzogen, ohne Zucht und
ohne Ordnung. Mein Vater zog mich neben sich und über-
ließ es einem späteren Zeitpunkt, mir das Geschimpfe zu
erklären. Ich hielt mühsam an mich – »östlich«, was konnte
das nur sein? Ich sah den Herren so böse wie möglich an,
und das von Ostpreußen bis Berlin!

In Berlin-Friedrichstraße war helle Abendbeleuchtung.
Ein Träger brachte die Koffer zu einer Droschke, obwohl
das Hotel, wo fast alle Balten abzusteigen pflegten, beinahe
gegenüber lag. Ich zupfte während der kurzen Fahrt meinen
Vater am Ärmel und fragte flüsternd, was dem armen Kutscher wohl passiert sein könne, daß er – ein Deutscher – als
Fuhrmann arbeiten müsse?

Ja, wir Kinder lebten noch in der friedvollen »Apartheit«
unserer paradiesischen Heimat und wußten nichts vom Auf-
bau der Staaten und Völker. Wir waren die Balten und unser Mitvolk die Esten, und ohne letztere hätten wir keine
Minna, keinen Kutscher, Nachtwächter oder vielleicht auch
nichts zu essen gehabt. Wer sollte kochen? – Im Hotel waren
es wieder deutsche Portiers, Liftboys und Stubenmädchen,

die sich um uns bemühten. Mein Vater hielt mir das blütenweiße Handtuch hin und sagte: Lies mal und behalte es! Da stand in roter Stickerei »Westfälischer Hof«. Ich habe es behalten.

Am nächsten Tag ging er mit mir in die Leipziger Straße und kaufte mir ein Paar Schuhe. Nie kann ich sie vergessen. Innen weißes Saffianleder, oben eine Spange und ein molliger Pompon. Die Verkäuferin schenkte mir ein rotes Spiegelchen mit dem Namen des Geschäftes. Ich verlor es erst, als ich heiratete. Wir beide, Vater und ich, hatten ein schlechtes Gewissen, da Mutti nie erlaubt hätte andere als Maßschuhe zu tragen (für welche daheim ein Umriß der Fußsohle vom Schuster kitzelig gezeichnet wurde).

Mit dieser Reise wuchs meine Bildung. Wir gingen am Abend in den berühmten Wintergarten. Ich saß mit Vater an einem Tischchen und versuchte, die fremden Speisen zu bewältigen. Auf der Bühne schrien ein paar sehr bunt und glitzernd angezogene Damen, wobei sie ihre Arme hoben und senkten und mit den Beinen schlenkerten. Wenn sie fertig waren, klatschten alle. Warum sie geschrien hatten, erfuhr man nicht. Dann aber kamen Chinesen. Sie waren ganz in Blau, und man benutzte ihre langen schwarzen Zöpfe, um sie daran an die Decke zu hängen. So hängend schaukelten sie und machten die tollsten Übungen. Ich hatte das größte Mitgefühl: Daheim in der Turnstunde, wo ich die Kleinste war, hatten die großen Mädchen sich auf die Galoschenkästen gestellt und die kleinen an ihren Zöpfen hochgezogen. Wer sich wehrte, war ein Feigling. Diese Chinesen wußten es auch.

Ja, der Zopf. Mein Vater frisierte mich mit den Fingern, so daß zwar am Schluß eine Schleife alles zusammenhielt, meine Mutter später aber Tage brauchte, um das Haar zu entwirren. Wir reisten weiter nach Tübingen. Man mußte in Plochingen umsteigen. Auf dem Bahnsteig verkaufte ein

24

Junge Holzkästchen mit »Plochinger Kurpflaumen«. Wo sind die geblieben? Noch oft in späteren Jahren reiste ich an Plochingen vorbei, und nie mehr gab es diese Köstlichkeit.

In Tübingen kamen wir in das Haus von Vaters Jugendfreund und Kollegen. Die Mädchen waren so alt wie meine Schwestern und ich. Ihre Ida behütete sie wie uns daheim die Minna. Sie schlug entsetzt die Hände über dem Kopf zusammen, als ich die Professorentöchterchen in weißen Schürzchen – Kinder in Schürzen hatte ich noch nie gesehen – auf dem Bauch an dem Tisch vorüberkriechen ließ, unter welchem ich als Wolf hockte und mich mit großem Gebrüll auf die erschrockenen Lämmchen stürzte. Es mußte ein Beruhigungstee gekocht werden. Wieder etwas Neues.

Ein Landauer mit zwei schwarzen Pferden fuhr Vater und mich dann zum Bahnhof. Es war Schneetreiben und sehr kalt. Und so blieb es bis zum St. Gotthard. Bei jedem Tunnel nahm mein Vater meinen Schwamm und wusch den Ruß vom Waggonfenster, denn damals wurden die Lokomotiven mit Kohle geheizt, und der Rauch machte alles kohlschwarz. Man hatte mir einmal erzählt, wie mühsam die Taucher in warmen südlichen Meeren nach solchen Schwämmen tauchen. Und jetzt solche Verwendung! Aber ich sagte nichts.

Bei Sturm und Schnee schoß der Zug in den Gotthardtunnel hinein, und eine lange, unheimliche Zeit fuhren wir durch den Bauch der Erde. Auf der anderen Seite aber welch namenloses Glück! Es strahlte goldene Sonne, und rosa und weiße Blütenbäume winkten. Es war Frühling. Zwar mußte der arme Schwamm wieder herhalten, aber das war jetzt ganz egal bei solchem Zauber. Vater zog auch gleich die Konsequenz. Er nahm meine blauen Gamaschenhosen und Fäustlingshandschuhe, Mütze und Kragen aus Fuchspelz und warf all das überflüssig gewordene Zeug aus dem Fenster in die blühende Landschaft hinein. Es war spät abends, als wir in St. Margherita ankamen. Ich hatte meine geliebte

Mutter schon viele Wochen nicht gesehen. Sie mußte sich in der milden Levante-Luft nach einem Unfall erholen: bei einer Reitjagd war sie vom Pferde gestürzt. Ich hatte schon verstanden, wie furchtbar das war. Ihre Sehnsucht nach zu Hause bewog meinen Vater, mich zu ihr zu bringen. Jedoch, wie schlimm es um sie gestanden hatte, begriff ich erst bei der Begrüßung, als sich die Eltern weinend umarmten. Noch nie hatte ich sie weinen sehen. Ich wollte am liebsten unter den wartenden Fiaker kriechen und das sonderbare, unmögliche, das sicher verbotene Bild nie erblickt haben. Wir fuhren dann lange schweigend an der rauschenden Küste entlang, links das Meer, rechts aufragend die Felswände.

Das Ziel war Portofino, die stille kleine Stadt, die für Mutters Genesung ausgesucht worden war. Dort wohnten wir im Hotel Piccolo. Heute begreife ich mit Respekt, was dort geleistet worden war: Herr und Frau Bodini machten den ganzen Betrieb allein mit einer Magd. Er kochte und sie sorgte mit der Francisca für das Haus. Francisca wusch die ganze Hotelwäsche unterhalb der Terrasse und spülte sie zwischen den Klippen am Ufer. Jeden Morgen wenn wir aufstanden wehten die Laken und Tischtücher bereits auf der Leine. Danach rannte sie, das dreijährige Bodini-Kind aus dem Bettchen zu holen, während Madam das Frühstück bereitete. Oft spielte ich mit Lucia und lernte schnell ein paar italienische Brocken: bambula – die Puppe, non capisco.

Die Spaziergänge mit meinem Vater, während Mutter ruhen mußte, führten weit in die waldigen Höhen, wo wir nie einen Menschen trafen. Am Wegrand die Feigenkakteen mit ihren Früchten, über uns die graugrünen Olivenbäume. Apfelsinen reiften und blühten gleichzeitig am dunkelblättrigen Baum. Wir gedachten der ersten zarten Apfelblüte zu Hause. Wie war sie doch einzig und ohne Verschwendung. Hier war überall Überfluß. Vater ließ mich auch einmal auf einem gräßlich glatten Felsen am Ufer klettern und konnte rauhe Worte sagen, wenn ich Angst hatte. Von ihm kam eben alles: das Strenge und das Zarte.

Vor seiner Abreise traf mein Großvater aus Petersburg ein. Herr Bodini war mächtig stolz darauf, eine Eccellenza zu beherbergen. Er bediente ihn immer persönlich. Mittags gab es erst die Gemüseplatte, alles roh mit dem köstlichen Olivenöl beträufelt: Erbsen, Bohnen, Artischocken, Salatblätter aller Farben, Fenchel und unbekannte Kräuter. Dann folgten die bernsteinfarbene Consommée, Fisch, Fleisch und süße Platten. Und als Krönung Käse und Obst. Daheim gab es für uns nie Käse. Großmutter sagte, Käse macht Kinder böse.

Ich stand in der Küche und sah zu, wie Herr Bodini den Tintenfisch zubereitete. Ich bekam dann den Panzer, wie ein Schiffchen aus biegsamem Glas. Als ich Geburtstag hatte, durfte ich sogar das Menü bestellen. An jenem Tage stand urplötzlich ein mit Rosen bekränztes Eselchen vor der Terrasse. Ich mußte mich auf den Korbstuhl auf seinem Rücken setzen und wurde von einem Jungen bis nach St. Giorgio und zurück geführt. Ich war sehr stolz darauf und vergaß, daß ich zu Hause längst schon reiten konnte.

Eines Tages kehrte mein Großvater nicht zum Essen zurück. Es war im Freien gedeckt worden und von allen Tischen des Piccolo reckten sich die Gäste zur Straße, ob die Eccellenza nicht bald erscheine. Es dämmerte. Die Lampions auf den Tischen wurden angezündet, – kein Großvater. Ich durfte aufbleiben. Ich glaube, die Sorge meiner Eltern wurde so ein wenig abgelenkt. Ein Knabe kam gelaufen mit einem Telegramm: »Komme mit Vera Putani«. Alles lachte. Nur Mutti schaute blaß und ernst. Wer konnte sich da an den alten Herrn gehängt haben, der so schlechte Augen und ein so argloses Gemüt hatte? Endlich fuhr ein Fiaker an die Terrasse. Die Pferdeohren in Strohhütchen, die entdeckte ich zuerst. Aber meine Mutter sah nur, daß der alte Herr allein war. Er hatte deutsch telegraphiert: »komme mit Verspätung«. Noch Jahre danach wurde zu Hause dieses Wort zur Gewohnheit, wenn irgendjemand sich verspätete: komme mit Vera Putani.

Eines Tages machten wir einen Ausflug nach Rapallo und an den herrlichen Sandstrand von Paraggi. Dort baute ich mit Benvenuto Hauptmann Burgen; seine schöne Mama unterhielt sich mit Mutter. Der Bub hatte ein rotes Badekostüm und blonde Locken, und ich schleppte gerne Sand und Wasser, wenn er kommandierte. Von seinem berühmten Papa (Gerhard Hauptmann) ahnte ich nichts.

Wieder bekamen wir Besuch. Unten in der Häuserzeile, die die Bucht säumt, logierten ein paar Wochen lang Onkel Eduard mit Tante Else und dem elfjährigen Sohn Mark. Alleingelassen spielten wir ein sonderbares Spiel. Das ging so: Mark und ich oben am Fenster der Wohnung; er wirft eine Nähnadel aus dem Reisenecessaire seiner Mutter hinunter auf den Felsensteg, der die Häuser vom Wasser trennt. Ich muß mir genau die Stelle merken, wo die Nadel hinfällt, muß die Treppe hinuntersausen und die Nadel apportieren wie ein Jagdhund. Und das ad infinitum!

Man machte einen Ausflug auf den Punta di Portofino, um dort den Sonnenaufgang zu erleben. Im Dämmern stieg man auf, Onkel, Tante, die Eltern, wir Kinder. Es war nebelig und kalt. Man fror beim Warten. Vater und Onkel Eduard tanzten Tarantella, was großen Jubel hervorrief und damit alle erwärmte. Aber dann stieg die Sonne urplötzlich in den Himmel, fast ohne Übergang, und man begann den Abstieg. Wir Kinder liefen um die Wette den steilen Berg abwärts. Ich wollte die Schnellere sein, raste über die taunassen Steine, fiel hin und rutschte viele Meter bergab. Vater trug mich nach Hause und stellte fest, daß beide Knie fast bis auf die Knochen abgewetzt waren. Das bedeutete für zehn Tage fest im Bett liegen, aber auch, daß Herr Bodini jeden Tag an mein Lager trat, um mich nach meinen Wünschen zum Diner zu fragen. Er mußte mir jedes Mal sein größtes Kunststück vorführen: eine Haselnuß mit dem Druck seiner flachen Hand an seiner Stirn zu zerknacken.

Der Verbandwechsel war eine Qual. Man durfte ja keine Miene verziehen, wenn man vor Vater bestehen wollte. Ein Glück, daß er noch da war und die anderen auch. Bald blieben meine Mutter und ich dann allein.

Das schönste Erlebnis waren die Bootsfahrten mit dem alten Zampa. Sein Boot hieß auf der einen Seite Romulus, auf der anderen Remus. Mutter nahm immer nur dieses Boot. Und die vielen Falten auf Zampas braunem, verwittertem Gesicht zogen sich zu einem bizarren Muster zusammen, wenn er uns freudig begrüßte. Er gab mir dann ein übriges Ruder in die Hand und befahl: »Zupf, zupf Anita.« So zogen wir ins offene Meer hinaus zu der schaurigen Stelle, wo man, wenn man ganz still hielt, tief auf dem Grund den Kiel des vor Ewigkeiten dort gesunkenen Seglers Frutuoso erblicken konnte. Wir umschifften auch gern das hochgelegene geheimnisvolle Castello Brown. Ich hatte zu dem italienischen Meer ein ganz anderes Verhältnis als zu der täglich gewohnten grauen Ostsee daheim. Wenn man auf den Steinen im Wasser direkt vor dem Hotel herumkletterte, konnte man unheimliche Meeresbewohner sehen und fangen: Seeigel, Seesterne, Muscheln, die sich am Fels festsaugten, und die komischen Röhrchen mit Bart. Wenn man den Finger hineinsteckte, hielten sie ihn umklammert und nur zerrend, mit puterrotem Kopf konnte man sich befreien. Und Quallen, die die nackten Waden wie fließende Hände umgarnten. Und das Wasser so blau, so sauber, so klar bis auf den tiefsten Grund.

Eines Tages war meine Mutter wieder ganz gesund. Wir hatten drei Monate in Portofino verbracht. Ich kannte das einsame Mühltal mit dem abgelegten Mühlrad, alle Ufer der nächsten Küste, ich kannte jeden Winkel im Hotel Piccolo, ich kannte den Arbeitstag der Francisca, den unsere Mädchen daheim nie bewältigt hätten. Sie machten dort zu viert, was diese allein schaffen mußte und noch dazu unter der schimpfenden Frau Bodini.

Daheim war ich die Älteste und recht autoritär den kleinen Schwestern gegenüber, nun aber schrieb ich ihnen mit großen Frakturbuchstaben ein Gedicht, das sich zwar reimte, aber auch ganz schön sentimental war:

> Habs ohne euch nicht schön,
> möchte euch wiedersehn,
> Lieblinge mein.

Ich bin nicht sicher, ob diese Worte meiner inneren Verfassung entsprachen, denn ich hatte es sehr schön; besonders weil ich die kostbare Mutti ganz für mich hatte.

Mit ihr nun trat ich die Heimreise an, die Großvater uns prächtig geebnet hatte, da er in Rußland Chef der internationalen Verkehrswege war. Erst reisten wir nach Genua. Vor dem Piccolo umstanden sie unseren Fiaker, die Bodinis mit Lucia und Francisca mit nassen roten Händen und tränenden Augen. In Genua fuhren wir bis zum Abgang unseres Schiffes zu der berühmten Villa Palaviccini mit den Wasserspielen und seltensten Bäumen und Blumen. Ich fing dort einen Laubfrosch und habe ihn in unserem rauhen Norden noch viele Jahre gehegt und gepflegt. Vorläufig kam er in eine kleine Schachtel und wurde mit uns Passagier des mächtigen Dampfers Goeben, Norddeutscher Lloyd Bremen, unterwegs von Hongkong nach Bremerhaven.

Das Schiff sollte ablegen; wir standen an der Reeling. Die Kapelle spielte »Muß i denn...«. Langsam schob der riesige Schiffskörper sich von der Pier ab und blieb plötzlich stehen. Alle Passagiere liefen auf die andere Seite. Ich kämpfte mich nach vorne und sah, wie einige unserer Matrosen in einem

30

Boot einen schwimmenden Mann verfolgten. Er tauchte und schlug Haken im Wasser, immer wieder entschlüpfte er seinen Verfolgern. Und ich schrie, leidenschaftlich seine Partei ergreifend, anfeuernde Worte. Ach, sie erwischten ihn doch und zogen ihn ins Boot. Ich erfuhr nie, was aus ihm wurde. Man erzählte, er sei einer der Schiffsköche gewesen und habe Butter gestohlen und sich ans Ufer retten wollen, als das aufkam. Ich war fassungslos. An Butter war meine Heimat so reich; warum gönnte man ihm die Butter nicht.

Es kam ein neues Problem. An Bord befand sich eine Kinderstube und viele deutsche und englische Kinder, die sehr hübsch aussahen, wurden dort von ihren chinesischen und indischen Amas betreut und hatten auch einen eigenen kleinen Speiseraum. Dort also sollte auch ich essen. Nein, lieber über Bord springen wie der Koch! Hier nun wirkte Großpapas ferne Hand. Mutti sprach mit dem Kapitän, und ich durfte als einziges Kind, mit offenem Haar, Schleife und Kieler Anzug, artig neben meiner Mutter sitzen, die zur Rechten des Kapitäns ihren Platz hatte. Der Steward legte mir vor. Und als die Desserttorten einmal in der Mitte mit einem Marzipanrelief von Bismarck und einmal mit einer kleinen Windmühle verziert waren, schnappte er diese kostbaren Dinge aus der Mitte heraus und legte sie mir auf den Teller. Und die Gräten vom Fisch zauberte er schon heraus, ehe er mir den Fisch servierte. Dafür »half« ich eifrig den Deckmatrosen Werner und Walter mit einem Riesenschrubber das Promenadendeck waschen. Nie näherte ich mich dem Kindersalon. Ich war bald gut Freund mit dem zweiten Offizier, der aus China einen winzig kleinen Bären mitgebracht hatte. Der wurde in einem Putzeimer aufbewahrt und durfte auf dem Zwischendeck spielen, wobei man sehr darauf achten mußte, daß er nicht durch irgendeine Lücke fiel. Ich war glücklich, ihn manchmal betreuen zu dürfen. Inzwischen hatte ich außer dem Laubfrosch noch eine Riesenheuschrecke, die ich in Algier gefangen hatte. Vom bunten afrikanischen Volk, Lärm, Bazartreiben sah ich nur die Heuschreckenschwärme, die wie Hagel auf die Straßen prasselten.

Das nächste Erlebnis war Gibraltar mit seinen Felsen und Affen. Es war auch der letzte ruhige Tag. Bald dampften wir durch die Biscaya. Ihrem Ruf getreu begrüßte sie uns mit einem unglaublichen Sturm. Beim Essen saßen meine Mutter und ich allein am Kapitänstisch und auch an Deck war keine Seele zu sehen. Nicht seekrank zu werden, ist ein rechtes Glück.

Ich sehe noch die steile, weiße Küste von England, aber deutlicher kommt mir Amsterdam in Erinnerung. Da gingen wir an Land, und wenige Schritte vom Schiff entfernt »mußte« ich absolut zurück, was meine Mutter sehr ärgerte, und so ließ sie mich allein durch das Hafengewirr zurückgehen. Das war die scheußlichste Episode der ganzen Reise. Ich kroch wie eine Ameise an all den großen Schiffen vorbei, zitterte, welches wohl die Goeben sein könne. Aber dann kam meine Mutter doch und nahm mich an die Hand. Wir hatten dann noch Zeit zu einem Stadtbummel. Eine nette Dame schenkte mir auf der Straße einen hübschen Storch, den jedes kleine Mädchen bekam, weil gerade die Kronprinzessin Juliane geboren war und das ganze Volk sich freute. Kleine Jungen bekamen eine Oranje-Schleife. Jetzt hat Juliane schon abgedankt, und ich könnte ruhig sagen: »Nein, wie die Zeit vergeht.«

In Hamburg betrat meine Mutter einen großen Spielzeugladen. So etwas hatte ich noch nie gesehen, und ich kam auch kaum los von dem Schaufenster. Ich sollte dort auch stehenbleiben, weil Mutter drinnen geheimnisvoll die Mitbringsel einkaufte, wie sich später herausstellte, einen großen Puppenherd, auf dem man richtig kochen konnte. Ja, das war die Zeit der Gepäckträger. Sie schleppten und trugen alles. Und so war die letzte Etappe von Hamburg nach

Stettin auch wieder ein neues Vergnügen. Ach wie klein war nun der Ostseedampfer Wellamo, wie eng die Kajüte, wie schmal das Deck!

Nach der letzten Nacht auf See kam das berühmte und wohl auch schönste Panorama in Sicht: unsere baltische gotische Stadt Reval mit St. Olai, Nicolai, Domkirche, mit dem langen Hermann und der dicken Margarethe. Am Kai stand der Vater und neben ihm zwei kleine Mädchen in Schottenmützen und Faltenröckchen. Sollten das meine Schwestern sein? Hinten sah man den Kutscher Alexander auf dem Bock, die Peitsche zum Gruß gerade erhoben.

Die sonderbarste Sache geschah – alles, alles versank, was gewesen, was erlebt, was geatmet, gehört, gesprochen und in langen Monaten in mich hineingegossen worden war. Ein kleines kitschiges Abbild des Städtchens Portofino hat es nach einem langen Leben wieder heraufgeholt aus den Tiefen der Kindheit.

Jermak

Dem Landleben entsprechend spielten Tiere die allergrößte Rolle in unserem Leben. Selbst nach ihrem Tode waren sie nur den Augen der großen Leute entrückt, für uns hatten sie unter der Erde ein ungleich bewegteres Dasein, sowohl in der Beziehung zu uns als untereinander. Da unten, da war ihr Reich, das Reich der toten Tiere. Unser erstes Kinderpferd, Jermak, wurde ihr König, und auch Cato und Hannibal, unsere Dackel, durften wir nicht betrauern, weil sie ja nun als Jermaks Helfer dort unten ein neues und besseres Leben führen konnten. Wie zauberhaft vertieft wird die Kinderwelt, wenn sie sich ins Magisch-Unnennbare erweitert. Jermak hat uns durch viele Jahre begleitet. Oft, mitten im Walde, warf sich eine von uns auf den Boden, preßte das Ohr an das klopfende Herz der Erde, an ihre feuchte, stachelige Haut: Jermaks Stimme war zu hören. »Tut dieses, laßt jenes.« Keine Moral von außen hätte uns das gelehrt, was unsere zaubersuchenden Seelen durch das Medium der verstorbenen Tiere sich selbst bereiteten. Jermak war zudem ein heldisches Wesen. Frömpi, unser Kinderfräulein, hatte uns eines Abends die Legende von seiner großen Tat erzählt.

»Einmal fuhr ein Herr durch den tiefen Schnee. Er fuhr, wie richtige Herren es tun, in einem breiten, niedrigen, gepolsterten Schlitten, dessen Pelzdecke zu beiden Seiten im Schnee schleifte. Vor ihm saß Juhann in russischer Kutschertracht, die, mit Watte gepolstert, ihn unförmig dick und breit machte. Er hielt die Arme weit von sich und in jeder Hand drei Zügel, denn es waren drei Pferde, immer eins vor dem anderen, an den Schlitten gespannt. Sie suchten mit klugen Augen die besten Stellen auf der Fahrbahn. Wenn sie nur wenige Zoll vom Weg abgekommen wären, so wäre der Schnee ihnen bis an den Bauch gegangen und der Schlitten unfehlbar umgeschlagen. Darum war das vorderste, das »Spitzpferd«, auch das klügste und feurigste. Es lief horchend und schnaufend mit vorgestrecktem Kopf; seine weiße Stirn leuchtete heller als der Schnee. Das Schellenband um seinen Hals stimmte genau zu den tiefen, großen Glocken, die am Krummholz des letzten Pferdes, das in der Deichsel ging, läuteten. Alle drei liefen gleichmäßig und beschwingt, aber das vorderste ging wie im Tanz und ließ seine zarten Fesseln und kleinen Hufe wie im Spiel über die Schneegruben gleiten. Juhann hatte schon oft darüber nachgedacht, wie er das Pferd wohl nennen sollte. Es war noch neu. Der Herr hatte es gekauft, als in einem russischen Garderegiment Gäule ausgeschieden wurden. Es war dort Standartenpferd gewesen, die großen Märsche hatten seinen Schritten das Weitausholende verliehen. Juhann wollte die Soldatenkerle nicht fragen, wie es geheißen hatte, er würde es schon benennen, wenn er sein Wesen kannte.

Nun bog der Schlitten durch die jungen Tannen, da lag auch schon der Fluß vor ihnen. Er war fest gefroren, obwohl es frühlingshaft duftete und die Weiden bereits Kätzchen aufgesetzt hatten. Ein gelber Streifen auf dem Eis zeigte an, wo schon andere Schlitten hinübergefahren waren. Hier dehnte sich der Fluß breit mit flachen Ufern in der einsamen Stille. Jenseits verlor sich die Schlittenspur im Ellernbusch, der sich meilenweit durchs Land zieht.

Das Spitzpferd hob den Kopf und schien, im Traben zögernder, im Blick gespannter, die Aussicht zu mustern. Juhann wandte sich um: ›Es riecht nach Eisgang, Herr. Sollen wir noch über den Fluß?‹ Der Herr reckte sich ein wenig und starrte mit unbehaglichem Gesicht auf die weite Eisfläche. Ob sie noch hielt? Ob sie, vom strömenden Wasser schon gelockert, nur noch darauf wartete zu bersten? Wer konnte es ihr ansehen? Doch dahinter, weit, lag das weiße Haus, wartete warm und behaglich sein Heim. ›Fahr zu‹, sagte er, ›fahr zu‹. Juhann schnalzte mit der Zunge. Das Spitzpferd sah geradezu fröhlich aus, wie es nun mit hängenden Strängen abwärts eilte. Dem Deichselpferd kam es zu, den Schlitten bergab aufzuhalten, daß er ihnen nicht wie ein Kinderrodel an die Beine schoß. Es hatte dafür das feste, in den Fiemerstangen gestraffte Geschirr und das Krummholz. Das Mittelpferd hatte lediglich zu ziehen, es war etwas faul und recht dumm, aber voll Vertrauen. Beide folgten gedankenlos trottend dem Gefährten.

Das Eis klang hohl unter zwölf Hufen, wie leise mahnend krachte es hier und dort. Juhann lenkte genau in die alte befahrene Bahn, der schwere Schlitten glitt vom Uferrand auf die weiße Fläche, während das Deichselpferd die Wucht mit gespreizten Beinen aufhielt. Dann zogen alle drei kräftig an und waren im Nu mehrere Meter vom Ufer entfernt. Plötzlich schrie der Fluß wie eine singende Peitsche, von überall her tönte es wie Winseln, das sich fortgesetzt durch die Eisdecke zog, von kleinen Knallen begleitet, und immer folgte ein schmaler Riß, durch den das Wasser wie Blut zu sickern begann. Als wären viele Adern aufgebrochen, strömte es ringsum dunkel in den weißen Schnee. Das Spitzpferd hatte eine scharfe Linkswendung gemacht und hielt wie ein Standbild rechtwinklig abgebogen vom Übrigen. Die Pferde zitterten und schnaubten, Juhann sagte seines Volkes Leib- und Magenfluch: ›Kurrat, kurrat‹ (Teufel). Dann schwieg er wie sein Herr.

Plötzlich schrie er: ›Umkehren, he holla, ihr Viehzeug, wollt ihr wohl, he, kehrt, fort, macht fort‹, aber das Spitzpferd rührte sich nicht. Juhann wollte sich nach dem Herrn umsehen, aber was er dabei erblickte, ließ ihn sprachlos erstarren. Direkt hinter dem Schlitten war kein weißes Schneefeld mehr, nein, ein tobender grauer Strom jagte dahin, drehende Eisschollen mit sich führend, gurgelnd und rauschend. Ständig bröckelte etwas mehr von der Eisdecke ab, wurde der Wasserstreifen breiter. Er riß die Peitsche hoch, deren kurzer Stiel an einem Riemen um sein Handgelenk hing, die vier Meter lange Lederschnur malte sausende Ringe in die Luft, als er sie nach vorn schnellte, um das Spitzpferd zu treffen. Aber das stand wie gemauert, seine Ohren spielten, seine Augen folgten den immer neu aufspringenden Rissen in der Eisdecke. Juhann schrie, er war heiser vor Aufregung, Angst und Wut.

Aber das Spitzpferd hatte nun selbst die Verantwortung übernommen. Der Herr hatte sich aus den Decken geschält und wollte eben auf die immer dunkler und nasser werdende Eisdecke steigen, als plötzlich der Schlitten einen leichten Ruck voran machte. Das Leitpferd hatte die Richtung aufs jenseitige Ufer verlassen und zog langsam, wie tastend aufwärts. Die beiden hinteren Pferde folgten brav. Juhann ließ die Zügel sinken, er sah, daß sie jetzt alle in des Spitzpferds Klugheit vertrauen mußten, das allein den Kopf nicht verlor. Nach zehn Schritten stand es still. Direkt vor seinen Füßen löste sich ein feiner Riß in ein gurgelndes Bächlein und wurde in Sekundenschnelle zum offenen Strom. Juhann sah mit kaltem Entsetzen, daß jetzt Schlitten und Pferde auf einer einzigen Scholle standen, die schwankend und sich drehend nach rückwärts zu schwimmen begann. Wieder wechselte das Spitzpferd seine Stellung. Es stand vollkommen ruhig, auch dann noch, als ein großer abgerissener Eisbrocken sich bis dicht vor seine Füße schob. Juhann malte sich schon aus, was geschähe, wenn es jetzt auf diese Scholle treten würde, die für das ganze Gespann viel zu klein war. Die große Platte, auf der sie alle standen, war inzwischen mit vielen anderen ganz in der Mitte des Stromes zusammengetrieben worden. Das Spitzpferd schob die Hinterbeine ganz unter sich, drehte sich gleichsam auf den eigenen Hacken um und war im Nu auf das zusammengetürmte Eisfeld geschritten, unaufhaltsam die anderen Pferde und den Schlitten zu einem gleichen Kehrt zwingend. Nie hätte Juhann geglaubt, daß man auf so einem Fleck wenden könne. Jetzt eilte das Pferd mit größter Umsicht über die hier dicht gestauten Eisschollen, wohl wissend, daß sie sie alle tragen konnten, so lange der Druck der Stauung anhielt.

Noch zwei Pferdelängen, und schon waren sie auf dem Teil des Flusses, dessen Eis noch ungebrochen und glatt dalag. Juhann sprang im Fahren vom Bock, rannte neben dem Schlitten her und schrie. Sinnlose Worte schrie er, und doch kamen sie aus der großen Dankbarkeit des einfachen Mannes, der Heim und Leben wieder vor sich sah. Das Spitzpferd eilte weiter, und wirklich, die Eile tat not, denn schon erschien am Ufer der gefürchtete schwarze Wasserstreifen, noch schmal, noch nicht ein Abgrund, der sie vom Lande abschnitt, aber wie lange? Im Fahren sprang Juhann wieder auf, voran, voran. Das Spitzpferd war jetzt mit Schweiß bedeckt, von seinem Maul flogen weiße Schaumflocken den hinteren Pferden an die Brust. Nun hatte es den Wasserstreifen erreicht. Es stand still, gleichsam abwägend, was zu tun sei. Da waren der Kutscher und sein Herr auch schon ausgestiegen und setzten mit gewaltigem Sprung über den strömenden Wasserstreifen ans Ufer. Das Spitzpferd hob die Vorderbeine wie in alten Reitertagen und wollte es ihnen nachtun, aber das Gewicht des Schlittens hing an ihm, und die hinteren Beine glitten fort und ins Wasser hinein. Sofort brach der Rand des Eises, und der Strom wurde breiter. Das Wasser schlug ihm über die Kuppe, aber die Vorderfüße hatten jetzt das Ufer erreicht, das hier voll junger Weidenbüsche stand und noch dicht verschneit war. Das gab ihm Halt, und es zog unter furchtbarem Keuchen den Hang hinauf, es mußte ja jetzt die beiden anderen Pferde auch schleppen, die zwar ohne Besinnen den Sprung ins Wasser getan hatten, aber beim Eintauchen und wieder Hinaufbäumen ihre Kraft im engen Raum nur schlecht entfalten konnten. Endlich platschte der Schlitten ins Wasser: Die Pelzdecke, die nur an einer Seite hing, fiel vollends herunter und wurde schnell stromabwärts gerissen. Das Wasser schlug rechts und links in den Schlitten hinein, sprudelte umeinander und schoß wieder hinaus, als die vorderen Teile der Kufen aufs Ufer flogen. Springend und polternd folgte der Schlitten den Pferden den Hang hinauf. Oben angelangt, hielt alles still, die Beine zitterten, die Leiber dampften, das Wasser tropfte vom Geschirr, vom Schlitten und von den Bäuchen der Pferde. Juhann kam angestolpert, Tränen in den Augen. Er umarmte das Spitzpferd und sagte: ›Jermak, mein Jermak, du hast uns das Leben gerettet. Kurrat, kurrat, was bist du für ein Pferd!‹ Jermak aber war damals eine Sehenswürdigkeit der Ostsee, der größte und modernste russische Eisbrecherdampfer, und das Spitzpferd hatte sich diesen Namen wohl verdient.

Nach einer Stunde war der Herr mit seinem tapferen Gespann im Gutshof angelangt. Jermak und die anderen Pferde hatten blutende Schrammen an den Beinen, der Schlitten war arg zerschunden, die Bärendecke fort. Aber was war das alles gegen die endlosen Erzählungen, die Groß und Klein von Jermaks Klugheit und Umsicht hören konnten!«

So erzählte uns Frömpi, und wir waren voller Fragen, wieso und warum der Herr seinen Lebensretter später an Onkel Eduard verkauft hätte. Daß man solch einen Freund hergab, konnten wir gar nicht fassen.

Jermak war schon sehr alt, als er zu uns kam, ein bester Repräsentant edlen Blutes. Vom Vollblutpferd sagt der Pferdekenner, daß sein Herz um eineinhalb Pfund schwerer sei als das eines Ackergaules. Ob es anatomisch oder symbolisch gemeint ist, ich weiß es nicht. Aber spricht ihm das große ruhige, edle Herz nicht aus den Augen? Gebändigte Leidenschaft, ja geradezu Nachsicht kann man darin lesen.

Wir liebten Jermak um seiner Seelenkräfte willen. Jan Karp, unser Kutscher, setzte uns drei der Reihe nach auf seinen Rücken und ließ ihn mit uns gehen. Gitta bekam die Zügel in die Hand, und mit langen ziehenden Schritten wiegte er uns durch die vierreihige Allee in den Männiko-Wald auf den »Lieblingshügel«, über die leeren Roggenfelder, um den Park und durch das alte Klostertor vors »Große Haus« oder die Viehgasse entlang zur roten Scheune und von da zum Kalkofen am Pernicorand. Nie fing er an zu laufen, wenn wir drei drauf saßen. Hin und wieder knabberte er einen Erlenzweig und bekam davon ein ganz rotes Maul, was sehr spaßig aussah. Ähnlich wie Poiso, unser Pudel, brachte auch er uns pünktlich heim, ernst schauten seine Augen sich um, ob wir nun absteigen wollten, das wäre die Veranda.

Nur einmal hatte er fast vergessen, daß er drei kleine Mädchen auf dem Rücken trug. Das war in Männiko. Kurz vorher war ein Fuchs über den Weg gelaufen, und seine scharfe Witterung stand noch in der warmen Sommerluft. Kaum spürte Jermak diesen Geruch, als er plötzlich umdrehte und aufgeregt davonjagte. Wir mußten uns tüchtig aneinanderklammern, um nicht herabzustürzen. Schon damals wußten wir, daß in solchen Fällen ein Landkind nicht schreien durfte.

Als wir älter wurden, durften wir allein auf ihm reiten, im Sattel, wie große Leute, und die andere trabte daneben auf Piccolo, dem Strolch und Strauchdieb, dessen runde Ponnyflanken zu umspannen schon eine Kunst für kurze Beinchen war und dessen Tücken, besonders bei »Besüchern«, keine

Grenze kannten. Er warf auch einen Riesen ab, wenn er wollte, und wir fühlten das sonderbarste Herzklopfen, wenn wir schon beim Aufsitzen das Weiß in seinen Augen nach uns blitzen sahen. Dann passierte immer etwas. Aber das tat auch not, denn nach Onkel Eduard wurde man erst ein Reiter, wenn man fünfundzwanzigmal heruntergefallen war.

Hier möchte ich noch eine kleine Episode von Piccolo erzählen. 1905 hatten die Revolutionäre in Sutlem vierzig Pferde gestohlen und sie mit vielen anderen auf einem weit entfernten Gut in eine Koppel zusammengetrieben. Piccolo, der von uns allerhand Kunststücke erlernt hatte, verstand es auch, Türen zu öffnen. So bastelte er am Koppeltor herum, bis es sich öffnete. Abends spät hörte der Verwalter Peter Puck ein furchtbares Pferdegetrappel und sprang erschreckt auf den Hof – die Roten sind wieder da! Aber nein, es war Piccolo, der an der tête der ganzen Herde auf den heimischen Hof brauste!

Piccolo wurde dreißig Jahre alt und starb seinen treuen Tod mitten aus der Arbeit heraus. Seine kleinen festen Hufe wurden für die drei Sutlemschen Kinder und mich als Aschenbecher verarbeitet. Sein Bild und dieser kleine Huf stehen noch heute vor mir auf dem Tisch.

Jermak hat viele Jahre unser Kinderleben begleitet, jede Ferien standen unter dem Jubel: nun fahren wir zu Jermak. Einmal aber, ach, schrieb Herr Puck, daß unser guter Förster Kiwiberg ihm den Gnadenschuß hatte geben müssen, zu gebrechlich waren die Fesseln, zu schmerzhaft der alte Rücken geworden. O schöne, unberechnende Zeit, wo so ein Tier des Hauses noch ein Grab beanspruchen konnte. Kein Schinder kam auf die Idee, ihm sein Fell abzuziehen, kein Verwalter trieb die rationelle Wirtschaft so weit, seinen treuen Diener nackt zu beerdigen oder gar sein Fleisch in profaner Weise zu verwursten. Es gab die sogenannte Friedhofskoppel, eine arme und sandige Weide, die sich hinter dem

Friedhof ausdehnte, dort zeigte der Boden leichte Wellen von den Gräbern all der Ochsen, Pferde und Kälber, die verunglückt, verendet oder getötet waren. Puck wußte aber, was er uns schuldig sei, und so wenig wir ihn, der barsch und roh war, mochten, so dankten wir ihm dennoch, daß über Jermaks Gebeinen der goldfarbene Sand hoch zu einem Hügel des Gedächtnisses gewölbt war.

Doch ich greife vor. Dieses Grab sollte ich erst gelegentlich eines wichtigen Ereignisses sehen. Damals waren wir etwa zehnjährig und standen immer unter Gittas »Führung«, die unruhigen Köpfe voller Fragen und Probleme. Das Temperament der beiden Schwestern war gemäßigt, ihre zuverlässige Art ließ mein pendelndes Herz in doppelter Liebe erglühen. Dennoch meinten die Großen, ich wäre oft der Verführer zu unvorhergesehenen Streichen. Im Grunde war ich der Anreger, der kleine Peitschenschlag, der die stilleren Schwestern in Gang brachte, nicht aber der Lenker ihrer Taten. Vielmehr lebten wir in der Wechselwirkung des stetig strömenden Flusses mit dem besinnungslos in ihn sich ergießenden Bach: der Fluß, bereichert, brachte seinerseits des Baches Sprudeln zur Ruhe.

Sking

Die Ferien hatten schon begonnen, aber irgendein Hindernis ließ mich erst einige Tage später die Reise antreten. Gitta und Isa erwarteten mich mit Piccolo und Rudi, dem Kutschersohn, auf dem Bahnhof. Wir gaben uns die Hände: »Tag« – »Tag« – »Terre Rudi«. Wir fuhren los, rittlings auf der federnden Reitdroschke. Nach etwa sieben Kilometern kommt man am Friedhof vorbei, hinter welchem sich die Friedhofskoppel erstreckte. Wir fuhren fast schweigend, Ferienglück allein schon macht stumm, aber auch die Mädel waren scheinbar mit Gedanken beschäftigt. Am Friedhofstor ließen sie anhalten: »Rudi, fahr heim und sag, daß wir zu Fuß nachkommen. Bring Nitas Gepäck ins Haus!«

Wir schritten an den Grabstätten vorbei und jenseits über das Mäuerchen auf die Koppel. Sie dehnte sich verlassen und weit zwischen Erlengestrüpp, Birken und Kieferngruppen und einzelnen alten Tannen. Wacholderbüsche in reizvollen Pyramidenformen und verstreute Granitblöcke belebten die dünne harte Grasnabe, die den Sand bedeckte. Solchen Sand habe ich nie wieder gesehen: leuchtend in einem tiefen rötlichen Gold, schmiegsam wie Weizenmehl, formbar wie Töpferton schimmerte er zwischen den dünnen Gräsern hervor. Aus ihm gebildet, ragte das frische Grab unseres alten Pferdefreundes Jermak vor uns auf. Gitta sagte mit feierlicher Stimme, Jermak, der zu der Zeit ungefähr schon ein halbes Jahr tot war, hätte an die Erde geklopft und

ihr gesagt, daß er eine Botschaft in diesem Hügel niederge-
legt habe. Wir sollten sie ausgraben und ihren Inhalt genau
befolgen. Wir hockten uns nieder und gruben lange Gänge,
bis unsere Hände sich in der Mitte bei Gitta begegneten.
Unsere Finger fühlten ein Knistern, wir rissen das Loch vollends auf, da lag eine lange Rolle aus Pergamentpapier, ver-
schnürt und versiegelt. Ungeduldig lösten wir die Knoten,
große bunte Druckbuchstaben von einer wahren Pferdedi-
mension sahen uns an. Langsam las Gitta uns Jermaks Botschaft vor.

Wenn ich an die einzelnen Punkte dieses Manifestes denke, so überkommt mich etwas wie Achtung vor den drei kleinen Mädchen. Ahnungslos über die Orden und Brüder-
schaften, die die Welt einstmals mitgeformt hatten, war dennoch in ihnen (oder war es Jermak) der Geist der Kreuzrit-
ter, der Marienfahrer lebendig.

Jermak schrieb uns, wir sollten einen Bund gründen zur
Vervollkommnung dieser so unvollkommenen Welt, der
Bund solle Sking heißen, nach den Buchstaben unserer Vor-
und Nachnamen. Was bei Sking geschworen wäre, hätte die
Eigenschaft eines Eides. Eine Geheimsprache wäre geboten.
Erwachsene dürften nie etwas erfahren. Es fehlte nicht die
Forderung nach Askese und Buße, z. B. jede Weihnachten ein
Pfefferkorn zu verzehren, ohne die Miene zu verziehen, oder
alle Tage des Jahres ein Luftbad zu nehmen und viel zu turnen. Wir sollten einen Tierschutzverein gründen unter Nicht-
achtung aller Bequemlichkeit und allen Eigentums. Jermak
befahl, die Heimat kennenzulernen, indem wir ihre Altertü-
mer in Zeichnungen und Aufsätzen festhalten sollten, auch
sollten wir uns mit dem Leben der Waldtiere und der Insek-
ten zu Wasser und zu Land bekannt machen, sie abbilden
und erforschen. Und endlich sollten wir einen »nordischen
Staatenbund« gründen, in welchem sich die drei Ostseepro-
vinzen, Finnland und die Inseln unter Deutschlands und

Schwedens Hoheit vereinten. Ja sogar die Nationalhymne dafür sollten wir dichten, nur die Melodie durften wir der Zarenhymne entnehmen, obwohl dieser Staatenbund der Herrschaft des Zaren in unseren Landen für immer den Garaus machte.

Wir standen völlig verwirrt vor unseren schweren Aufgaben. Mit Tränen in den Augen hob ich gleich den anderen die Hand und schwur bei »Sking«, dies alles in Treue zu befolgen. Zum Glück war in meiner Manteltasche noch Mutters Abschiedsgruß, eine Tafel Schokolade. Wir teilten sie uns schweigend und machten mit ihrer Hülle und etwas Reisig ein Feuerchen an, um welches wir noch lange beratend hockten. Große Wirkungen sind von jenem Erlebnis an Jermaks Grab ausgegangen.

Als wir von der Feier heimkehrten, hatten alle schon gegessen, und Onkel Eduard wendete das Höchstmaß der ihm bekannten Strafen an: Wir bekamen keinen Nachtisch, aber Johanna gab uns dann das Doppelte in der Küche .... bei Sking.

O ernstes Spiel, o selige Jahre, die aus diesem Tag entsprangen. Die Schulmonate in der Stadt waren nicht mehr lang und öde. Mit den Zeichenblocks schlichen wir durch die Straßen, wir klingelten an den Türen der alten Häuser, von denen wir wußten, daß in ihren Fluren seit Jahrhunderten Reliefs der großen Hanseaten, Ölbilder ihrer Schiffe und Wappen unserer Vorfahren hingen. Wenn wir geschellt hatten, so fragten wir die schwarz-weißen Dienstmädchen höflich: »Wohnt hier Baron Heykenschild?« Ein ungefährliches Beginnen, denn erst neulich hatte Onkel Eduard einem Gast bei Tisch erzählt, es wäre dies der Name einer völlig ausgestorbenen Familie. Ausgestorben, das klang freilich endgültig. Nie könnte er uns begegnen und die peinliche Frage stellen: »Mein Kindchen, was wolltest Du wohl von mir?« Ausgestorben! Ach, Herr Heykenschild, wir haben

Sie arg und viel mißbraucht. In russischen Vierteln fragten wir nach Gospodin Geigenschild. In estnischen Häusern nach Rätsep (d.i.Schneider) Eikensild, den jeweiligen Sprachgebrauch geschickt nachahmend.

Einmal allerdings bezogen wir fast Prügel. Wir waren ein steiles Haus hinaufgeklettert, von Stock zu Stock und von dort weiter zum Dachboden. Denn was vorne fünfstöckig sich reckte, lehnte sich hinten an die Flanke des Domberges, und wir berechneten, daß man vom Speicher wieder zu ebener Erde würde aussteigen können. Zwar gäbe es da nichts zu skizzieren, aber hatte denn Jermak das Abenteuer und die Neugierde verboten? Am Speicher hing Wäsche, durch welche wir uns hindurchtasteten. Plötzlich standen ein paar wütend aufgebrachte Frauen vor uns: »Ihr Räuber, ihr Diebsgesindel!« Kein Erklären, kein Rätsep Eikensild half, wir mußten uns, verwickelt in Leintücher und Hemden, auf den Rückmarsch begeben, verfolgt bis nach unten vom Schimpfen der Bewohner.

Eine andere Bereicherung des Stadtlebens kam durch den Tierschutz. Nicht nur brachten wir Bärchen, dem Wasserpferd, täglich Brot und Zucker, wenn es mit der schweren Trinkwassertonne den Domberg hinaufkeuchte, nein, wir öffneten sogar den Hahn und ließen hinter dem Rücken des ahnungslosen Kutschers das kostbare Naß auslaufen, so daß Bärchen ganz munter den Kopf hob und marschierte. Dieser Freundschaftsdienst hatte zur Folge, daß die alte Frau Bär, fünf Kilometer vor der Stadt, ihren Fahrer zur ungewohnten Zeit nach neuem Wasser heimkommen sah und das arme Pferd den Weg doppelt machen mußte.

Damals war die Reiherfeder modern, jede Dame trug eine auf ihrem Hut. Wir hörten, auch wieder bei Tisch, wie Tante Else beklagte, daß die Menschen so unwissend um einer Mode willen diese seltenen Tiere ausrotteten, denn nur in der Brutzeit, hilflose Junge zurücklassend, opferten sie diesen Schmuck mit dem Tode. Das war etwas für uns. Wir hielten Wache in der »Langstraße«, weit voneinander. Kam aber so eine Mörderin in Sicht, elegant unter dem zarten Federschmuck, so stürzten wir in ihrer direkten Nähe aufeinander zu: »Guten Tag, guten Tag, wißt ihr das Neueste?«, und hinter der Aufhorchenden herschreitend erzählte einer der anderen von frevelhafter Eitelkeit, von verhungernden Vogelkindern und klagender Wildnis. Ob das eine Wirkung gehabt hat?

In der Schule entdeckte Isa eines Tages, daß die Zeichenlehrerin, ein ältliches und sicher nicht reiches Fräulein, mit einem Reiherfederhut in die Schule kam. Gitta »mußte mal rauß«. Durch die leeren Schulgänge eilte sie in die Lehrergarderobe, schnitt flugs dem Fräulein eine Feder aus dem Dutzend und war wieder in der Zeichenstunde, ehe ihre Abwesenheit auffiel. Wer aber beschreibt unser erleichtertes Staunen, als die zarten Federn hart und rauh sich als aus Roßhaar gefertigt erwiesen. Na, wir waren auf diese Weise wenigstens keine großen Diebe geworden.

Das heimliche Luftbad nannten wir »Balu«, zur Vorsicht nicht Luba, weil es sonst die Erwachsenen als aus Luftbad gekürzt erkennen konnten. Damals war man noch keineswegs für solch undamenhafte Dinge zu haben. Wir aber badeten alle Tage Luft, meist in Seewald in unserem Walde. Am ärgsten war es Gitta und Isa den Schwur zu halten, als ihre Mutter sie einmal in den Ferien in die Pyrenäen mitnahm.

Aber auch in Sutlem gab es Zwischenfälle, so zum Beispiel als der Bruder Mark gerade über unseren Köpfen ein Eichhörnchen abschoß, so daß wir, halbe Indianer die wir waren, uns tief ins Wasser des Waldteichs duckten. Eine ganz dünne Eisschicht bedeckte das Wasser, es war während der Osterferien. Da mußten wir den Kälteschrei niederringen, denn hätten die Buben uns entdeckt, so hätten wir noch ein Jahr ihren Spott getragen.

Das Zeichnen der Heuschrecken und Grillen, die Turnstunde im Liwako unter Isas Leitung, der Floßbau auf den Parkteichen, wo wir Larven und Kaulquappen fischten, die Dichtung der nordischen Hymne, all dieses füllte viele Jahre und erzog uns zugleich, weil ja auch Jermak nicht müde wurde, an die Erde zu klopfen und unseren durch Tannenzapfen verstärkten Ohren Befehle zu erteilen.

Dem Laien, der uns vertraut, das Rezept: Man bricht aus einem Tannenzapfen die Spitze, so entsteht ein kleiner Hohlraum, den man auf den Boden preßt, das stumpfe Ende aber hält man ans Ohr. Nicht unbedingt die toten Tiere, die nicht zu jedem reden, aber Feinde, Wölfe und heranrollende D-Züge kann man zeitig durch diese Antenne nahen hören.

Sking brachte uns einmal mit der Polizei in Konflikt. Das Stadthaus auf dem Dom war so gebaut, daß es auf der einen Seite von der Straße durch eine schöne, geschwungene Auffahrt zu erreichen war, von der anderen jedoch mit einer Galerie von mächtigen Säulen hoch über der Stadt schwebte. Unter den Säulen neigte sich ein steiler Rasenhang bis an einen meterbreiten Mauerrand, unter welchem in jäher Tiefe die Straße entlangführte. Wir turnten mit Vorliebe dort herum und wagten uns bis an den Mauerabfall. Da hielt ein Polizist unten, man sah nur sein rotes Gesicht und die blanken Knöpfe auf seinem Bauch: »Paronsfräulein«, schrie er, »Paronsfräulein, ich werde treckige Knochen nicht zusammenfejen, wenn Paronsfräulein erunterfallen«. Und auf unseren übermütigen Jubel machte er sich auf den Weg, die Straße, die der lange Domberg hieß, hinan bis zur Kirche und von da im Bogen zurück, um vorn zu läuten und uns gleichsam von hinten zu überraschen. Aber als Onkel Eduard nun ins Kinderzimmer trat, saßen wir schon lang dort über unseren Büchern und konnten recht erstaunt tun über die Anklage.

In Wirklichkeit kannte aber niemand, auch die Polizei nicht, den gefährlichsten Platz, und den mußten wir wohl behüten. Wenn man die Galerie entlang immer weiter ging, gelangte man zu einem gemauerten Vorsprung und konnte sich von dort zwei Meter tief herunterlassen auf eine kleine Plattform, die in den Schwedenkriegen eine Bedeutung gehabt haben mochte. Sie war vielleicht vier Meter lang und zwei Meter breit und lag offen und ungeschützt über einem Abgrund. Einige dreißig Meter tiefer wimmelte der Verkehr, man sah in die Kamine der Häuser, man sah kleine Droschken fahren und bekannte Hunde an den Ecken. Auf dieser Plattform hatten wir eine junge Esche gepflanzt, den Bundesbaum, der, für Sking eine zweite Ygdrasil und geheiligt, immer nur zu ganz feierlichen Anlässen besucht wurde. Sie wuchs vom dünnen Reis zu einem erst gerade aufragenden, später sich neigenden Stamm, dessen Krone wie fragend über der Tiefe hing. Allein konnte keine von uns hin oder zurück. Zwar hätte man die zwei Meter wohl herunterspringen, aber ohne Hilfe nicht wieder erklimmen können. Wir mußten einander auf die Schulter steigen, um hinauf zu gelangen, und die Letzte wurde von oben bäuchlings nachgezogen. Während Knie und Rücken dem peinlich hinterhältigen Schwindel standhalten mußten, war die Seele wie ein Falke auf dem wahrhaft hohe Herzen erfordernden Horst. Gefährliche Spiele haben immer doppelten Reiz, man muß nur nicht abstürzen und Polizisten und Erzieherinnen damit in Harnisch bringen. Aber es gehörte damals zu meinen Angstträumen, daß Gitta sagen könnte: »Ich ziehe dich nicht herauf, du hast Jermak nicht gehorcht, nun kannst du die ganze Nacht auf der Plattform bleiben.«

Fünfundzwanzig Jahre später fällte die Feuerwehr von Reval die Esche, während Hunderte von Menschen unten standen und der halsbrecherischen Leistung zusahen. Der Stamm war nun schon ein gutes Brennholz wert, wie ein

Menetekel neigte er sich über das Leben da unten. Wovon hatte sich der Baum genährt auf der Mauer, ohne Boden und Grund, außer der ersten Handvoll Erde? Es müssen die Kräfte des Sking in ihm nachgewirkt haben. Die Feuerwehrmänner hatten sich angeseilt und sägten, in der Straße unten war der Verkehr gesperrt worden. Endlich krachte das Holz, und mit dem eigentümlichen Stöhnen, das alle Bäume im Fall ausstoßen, senkte sich unsere Bundesesche und stürzte in die Tiefe.

O Symbole, euch kann man nicht fällen, was tut es dem inneren Baum, wenn sein Bild zerstört wurde! Was wir erlebten durch den vierbeinigen Mittler Jermak, ist zum himmlischen Kapital geschlagen worden, dessen Zinsen unsere Seelen nähren bis zum heutigen Tage.

Steckenpferde

In Sutlem ging man, wie auf allen Gütern, abends spazieren. Nie kann man seinen Besitz so übersehen und genießen, als wenn er in der Ruhe des Abends daliegt, die Felder aufgeräumt im Wachsen, die Bauern vor ihren Türen, die Herde zur Nacht auf der Koppel, umgeben von den kräftigen Geistern der Verdauung und der Fruchtbarkeit.

Meine Eltern waren dabei, auch irgendein Besuch, dann unsere geliebte und gefürchtete Frömpi (zusammengeschmolzen aus Fräulein Peterson) und wir drei auf unseren Pferden. Das waren junge Erlen, deren Häupter die Schwänze und deren rot-gelbe aufgeschlitzte Stämme die Pferdeköpfe bildeten. Gitta und ich, die Romantiker, ritten einen Rappen und einen Schimmel, Zaumzeug und Sättel aus Purpur und Gold. Isa verachtete uns recht deswegen, ihr Fuchs hatte normales Lederzeug an, und irgendwie imponierte uns das »Wirkliche«, das sie an sich hatte. Wir trabten den Erwachsenen voraus, und eine dicke Staubwolke quoll aus den Blättern unserer Schweife. Wir wurden aufgefordert, etwas weiter vorzulaufen. Da war links ein kleiner Weg, der von der Straße weg ins Unbekannte führte, auf ihm entschwanden wir den Blicken der Erwachsenen.

Nun muß ich einen Umstand erzählen, der für unser östliches Land verständlich erscheint. Es war eine Ruhrepidemie in den Dörfern ausgebrochen. Hilflos starben Bauern und Knechte dahin, die Hygiene war nicht dazu angetan,

51

die Seuche zu hemmen. Wie ein schwarzer Engel stand sie über dem Land, unsere Furcht war groß, und die Eltern trugen noch dazu bei durch das strikte Verbot, wie sonst wohl, in einem Bauernhaus einzukehren.

Nun, noch trabten wir in allen Gangarten dahin, wir waren etwa achtjährig, die Welt war voller Geheimnisse. Der kleine Pfad zwischen hohen Wellen von Findlingsblöcken war wie für uns hingezaubert. Bäume traten heran, wurden mehr, hüllten uns schließlich ganz ein. Der Weg erhob sich in die Abendluft, war eben noch unter unseren Füßen und schon nicht mehr. Er war zurückgegangen in seinen Zauber, und weder hinten noch vorne war ein Ende davon zu erspähen. Zwischen den Bäumen sah es uns blutig rot an, »es brennt«, flüsterten wir. Gitta war die Munterste: »Wenn wir immer geradeaus gehen, dann müssen wir heimkommen.« Urplötzlich, wie hingestellt im Augenblick, stand ein »Saun« vor uns, das ist ein Badehäuschen, ganz und gar aus Kalksteinplatten zusammengesetzt wie etwa Kartenhäuser aus Karten gefügt werden. Darinnen ist ein Kessel und eine Bank, und unter den heißen Güssen aus dem Kessel reinigt man sich mit Schlägen der jungen grünen Birkenruten. Man badete an Samstagen oder vor den Festen. Hier aber quoll dichter Rauch aus den Fugen – das Saun war benutzt. Schon sahen wir auch dahinter den Hof. »Sie baden mitten in der Woche, sie haben die Ruhr!« Und aufjammernd vor Angst jagten wir richtungslos ins Gesträpp. Zweige der Tannen, Rosenbüsche und niedere Birken hemmten uns, wir keuchten weiter, wir hielten nicht an. Konnten wir das Gräßliche abschütteln, konnte die furchtbare Krankheit mit langen Beinen uns nachlaufen, uns drosseln und würgen? Nein, jetzt waren wir allein, hierher würde sie uns nicht mehr folgen.

Wir gingen stumm weiter, die rote Glut der Sonne war erloschen, die Vögel hatten neue Stimmen, so als sprächen sie im Schlaf. Ohne Melodie flüsterten und piepsten sie, vereinzelt und traurig, Jorinde und Joringel fielen uns ein. Nun gab es da noch etwas in unserem Innern, das wir die ganze Zeit vergessen hatten, das aber nun auf einmal große Bedeutung gewann. Gitta gehörte zu jenen schnell gewachsenen Kindern, die mit ihrem Herzen dem Wuchs nicht flink genug nachkamen, und daher bekam sie, bei genügenden Anlässen, kleine Ohnmachtsanfälle. Das erste Mal hatte ich das auf einem Kinderfest beim Domprobst gesehen. Wir waren über alle Grenzen ausgelassen, es gab hinreißende Spiele und noch hinreißendere Kuchen; da war auf einmal mitten im Kreis der kleinen weiß-rosa Mädchen Gitta leblos zu Boden gesunken. Wir verstummten um sie herum. Nur Isa hatte kaltblütig aus der Küche einen Krug Wasser geholt und es der Schwester über die blonden Zöpfe, das weiße Gesicht und das zarte Festkleid gegossen. Doch obwohl sie erwachte, war die Freude zerstört. Unfaßliches hatte uns berührt.

Nun sagte uns Gitta, »wenn das wiederkommt, und es ist doch so trocken, so geht in den nächsten Graben, ein klein wenig feuchtes Moos werdet ihr immer finden, das legt mir dann auf den Kopf.« Sie war aber unsere Stütze, die Größte, die Wissendste, sie durfte nicht plötzlich daliegen, bleich und ohne Worte und Atem. Hätten wir nur gewußt, wo wir waren, wir fühlten die Stimmung des Abends uns feindlich werden, das Licht war gestorben, die Schatten sahen nach Wölfen und Feinden aus, und wäre ein Weg im engen Gestrüpp gewesen, wir hätten ihn dennoch bald nicht mehr gesehen.

»Nun hilft uns nur der liebe Gott«, sagte Gitta. Wir standen auf einer kleinen Lichtung, der Himmel war graugrün und die Vögel endgültig still. Wir legten unsere drei Rosse neben uns und knieten nieder. Wir beteten das Vaterunser. Wir sprachen halblaut, und im Hintergrunde unserer Stimmen stand das Schluchzen, doch wir ließen es nicht aufkommen. Noch heute spüre ich den Hauch von Stärkung und

Mut, der mich durchzog, als wir wieder standen. Die Pferde ließen wir liegen, es waren Erlenstecken mit Bindfäden dran, sonst nichts.

Isa und ich faßten Gitta unter im unbestimmten Gefühl, daß wir sie stützen könnten. Wir wagten nicht, uns dem schlafenden Walde hörbar zu machen. Vor uns erschien etwas Niederes, Graues, eine Mauer war es, eine Findlingsmauer, vermoost unter den Bäumen, eine lange Grenze bildend. Und Gitta schrie mit ihrer hohen hellen Stimme: »Wir sind ja im Pernico!«

Der Pernico ist ein Wald, der Onkel Eduard gehörte. Unser eigener Boden, keine Zauberei mehr und kein Ort der Ruhr und der Heimatlosigkeit. »Dort rechts kommen wir auf die Chaussee, aber es sind noch acht Werst bis nach Hause.« Wieder wußte es Gitta, die Aufregung aber stand ihr auf dem Gesicht, und unser Bangen wuchs. Würde sie durchhalten? Ja, es gab ein Mittel, Singen half. Und wir sangen, sangen alle deutschen Lieder, die wir kannten, fröhliche und Choräle, sangen russisch, estnisch und französisch. Wir machten nur eine Pause, um zur Seite zu schielen, ob im Chausseegraben Wasser sei, denn nun waren wir schon auf der Straße. In den Gräben war kein Wasser, unser Glück, wenn man das Gelingen eines dummen Streiches als Glück ansehen will. Denn wir lagen auf einmal alle Drei platt in einem Graben, ohne Atem, um nicht gehört zu werden – da vorne kam ein Reiter. Er klapperte vorüber, ein Knecht war es, auf einem Arbeitspferd. Den hatte man geschickt, uns zu suchen, das ahnten wir. Aber uns so finden lassen, Verirrte, wie Stadtfratzen, das ging auch nicht gut. So versteckten wir uns, und taten es noch einmal, als wir ganz fern den zweiten Reiter erspähten: Jan Karp, unseren Kutscher und Freund, aber auch der durfte uns nicht finden. Wenn wir nur geschickt durch den Küchengang schlüpfen würden, so könnten wir, wenn auch ungewaschen, in den

54

Betten liegen, da die Erwachsenen ja sicher noch beim Patiencelegen und Lesen im Saal saßen.

Wir hatten aber die Rechnung ohne Frömpi gemacht. Als wir in die Nähe der roten Schafscheune kamen, sangen wir nicht mehr. Zu nahe war nun schon die Luft des Gutshofes, zu deutlich auch, daß man uns suchte, denn tönte nicht der große Gong, hier, einen Kilometer von daheim, als wäre er nicht auf der Veranda, sondern an der Scheune? Das konnte nur Frömpi sein. Und sie war es auch. Wir schlichen leise um das Gebäude, der Gong gongte auf der anderen Seite. Dann wandte er sich und tönte uns von rechts entgegen. Wie wir nun eiligst nach links schlichen, da stießen wir an Frömpis den Weg versperrende Arme. Ja, sie konnte sich vervielfältigen. Und sie sagte kein Wort, und wir gingen vor ihr her, die langschattige und jetzt so finstere Viehgasse entlang, über den Wirtschaftshof, den wir noch nie so schlafend sahen, mit geschlossenen Toren und steif dastehenden Wagen und Pflügen. Vorbei an der »Herberge«, wo die Knechte wohnten und wo wir nur zu Weihnachten hineinkamen. Da brannte an manchen Fensterchen noch Licht. Es kamen die Schmiede und die Teiche, die lange Parkhecke und die Brükke zum Haus und dann endlich die vordere Tür der Veranda. Und kein Entrinnen, denn sie standen alle dort versammelt, die Großen und sehr Unzufriedenen. Sie hatten die Erdbeeren gegessen, die es mit Zucker und Sahne nach dem Spaziergang gab, sie hatten vielleicht sogar Patiencen gelegt, und jetzt sagten sie nur: »Geht ins Bett, es gibt nichts für solche Spätlinge ...«

Gitta und Isa schliefen fest. Ich aber, die ich in jener Nacht nicht bei ihnen oben, sondern bei meinen Eltern blieb, weinte alle Stunde, weil ich »die Ruhr hatte und die Wölfe um mein Bett standen.« Am anderen Morgen durften wir erzählen, und alles war gut. Nur, daß Jan Karp uns neue Pferde schneiden mußte, aber Erlen gab es ja genug.

Der Schimmel

Wenn man von Sutlem zum Kirchdorf Haggers ging, mußte man am Friedhof vorbei. Der lag verlassen und einsam, ein Steinwall ließ den Blick auf die kleinen eisernen Kreuze und rasenbedeckten Grabhügel frei. Das Totengräberhaus lag dicht daneben, es war ganz neu und wollte sich gar nicht recht fügen in die vergangenheitsgetränkte Luft.

Man trat durch das verwitterte Eisentor und schritt an den vielen Namen vorüber, Awik, Rätsep, Männik, Oksenau. Lauter estnische Bauern, Knechte und Kaufleute ruhten hier, bis in den Tod geschieden von den Deutschen. Hinter der nüchternen flachen Kapelle standen alte Bäume. Dort waren vor langer Zeit die adligen Herrn beigesetzt worden. Moos und Gras bedeckte einige Hügel, die Steinkreuze hingen schief aus dem Gestrüpp, die Inschriften waren nicht zu lesen. Mitten darin wölbte sich ein Erbbegräbnis. In der Revolution 1905 war die gemeißelte Platte mit dem greifengekrönten Wappen zertrümmert und der Eingang erbrochen worden. Schaudernd knieten wir an der Höhle und blickten hinein. Man sah verknitterte Leinentücher, man sah runde und lange Knochen seltsam schimmern. Wessen Ruhe war hier gestört? Unsagbar zog uns die Stätte an. Immer wieder sprach das Geheimnis zu uns, wir wurden von dem alten, geschändeten Grab gleichsam gerufen. Kalt und feucht wehte es daraus hervor, wir versuchten mit Trümmern und Steinen die Öffnung zu schließen; aber ein

Stein glitt uns aus den Händen und fiel stöhnend in die Tiefe, aus der es schauerlich antwortete. Seitdem wagten wir nicht mehr hineinzuschauen.

Wir saßen auf einem kleinen Berg von Moos und Farn und fühlten plötzlich das Harte unter der grünen Schicht. »Das ist ja auch ein Grab, wir wollen es in Ordnung bringen.« Mit Steinen und Hölzchen kratzten wir tagelang daran herum, bis eine zerfallene Steinplatte freigelegt war: »-- ER RUH- -- GOTT -DOLF SCHOENROCK KUES---ZU H--GERS«. Es war ein heißer Tag, und einem plötzlichen Einfall folgend sagten wir: »Herr Schönrock, kannst du Wetter machen? Gib uns Regen, guter Küster!« Wer beschreibt unseren staunenden Schreck, als die Wipfel der alten Ahorne sich rauschend beugten und blitzartig die Sonne von wehenden Wolken verfinstert wurde. Schwere Tropfen benetzten das Grab. Wir drückten uns aneinander. Die erste Ahnung von der wahren Existenz der Toten rührte uns an. Was heute in mir als Gewißheit lebt, daß unser Dasein arm und sinnlos wäre ohne die Nähe, die Hilfe und Gegenwärtigkeit der Verstorbenen, das hat sich damals schon im Keim in mir geregt.

Aber der Weg von Spuk und Gespensterahnung des ungeleiteten Kindes bis zum offenen Hinhorchen auf das Wehen jener Welt, die die unsere erst erweitert und ergänzt, ist weit.

Uns galten Mut und Forschheit als große Tugenden, und so wurde dann auch eines Abends beschlossen, daß die ganz Tapferen um Mitternacht über den Friedhof gehen sollten. Gegen Mitternacht machten wir uns auf den Weg, singend und lachend zogen wir in unseren Lodenmänteln durch den Wald. Wir waren seit Herrn Schönrocks Zeiten einige Jahre älter und gescheiter geworden, die Toten waren tot und wir, wir lebten, das Begreifen der Welt stieg in uns auf, wer konnte uns imponieren. Die drei Jungen waren schon im Stimmbruch, ein Grund mehr für die Mädchen, so recht von Herzen groß und überlegen zu sein. Wir stiegen einfach über die

Mauer. Ehrfurcht und Sitte verboten hier Lärm und Gesang, aber der Übermut und ein kleines Gruseln machten unser Flüstern zu einem unterdrückten Gelächter; was war schon dabei, so über die grasbedeckten Gräber zu schreiten, was konnte aus diesem Wald von leblosen häßlichen Kreuzen, aus diesen Papierkränzen und melancholischen Nachrufen anderes als Tau und abendlicher Dunst aufsteigen?

Aber auf einmal standen wir still. Kein Atemzug konnte sich losmachen, ein Bann, ein Schreck, eine furchtbare Ahnung hatte uns alle miteinander erfaßt. Dort hinten, wo die kleinen Kinderkreuze sich drängten, stieg eine weiße Gestalt ins Riesenhafte, ihr Arm gebot uns Halt, ein dumpfes Dröhnen mahnte an die hohlen Gründe. Ehe wir die ausgepreßte Luft wieder einziehen konnten, hatte sich das Gespenst wieder hinter den Gräbern verloren. Leise streckten wir die zitternden Hände nacheinander aus. Wir standen und standen, unsere Blicke bohrten sich ins Dunkel jener Ecke. Endlich machten wir, uns nicht loslassend, ein paar leise Schritte im nassen Gras, das sich wie hemmend um unsere Füße legte. Kaum hatten wir uns geregt, als der Spuk sich wieder erhob, weit über Menschengröße streckte er sein weißes Haupt, und wieder dröhnte der dumpfe Ton, wie wenn ein Grabdeckel sich schließt. Der Schweiß brach uns aus an Stirn und Händen. Unsere Kehlen wurden trocken. Was, um des Himmels willen, war das für eine Erscheinung? Schon wieder war sie verschwunden.

Jetzt aber begann sich in uns die Abenteuerlust zu regen. Wir waren hierhergekommen, um unseren Mut zu zeigen. – »He, Schreckgestalt und Leichenmann, wir wollen dir nicht weichen.« Fest aneinander geklammert gingen wir mit raschen Schritten in die Richtung des Spuks. Ach, unser Trotz fiel klirrend zusammen, noch größer, noch fürchterlicher erhob sich die Gestalt, jetzt sah man gar, im Scheine des jungen Mondes, die Augen. Grün leuchteten sie einen Moment uns an, weiße Schleier wehten um das Haupt, der dunkle Ton aus der Erde erscholl, etwas Langes drohte wie eine erhobene Hand – und fort war alles wieder, wie verschluckt von den Hügeln, wie versunken im Gebüsch, das die schlafenden Kindergrabstätten behütete. Wir standen jetzt ganz dicht beieinander. Noch zehn weitere Schritte mußten uns direkt auf jenen Platz führen; was aber, wenn es dann mitten zwischen uns aufstiege, wenn es nach uns greifen, an uns zerren würde, wenn es uns mit hinunternähme in die Tiefe, uns erdrückte in kalter Umarmung. Alle verlachten, ungeglaubten Geschichten der Gesindestuben fielen uns ein, aber es gab kein Zurück. Wer wollte auch das Unnennbare im Rücken haben? Es gab nur ein Sichstellen, ein Gegenübertreten, ein Bestehen.

Drei Schritt, fünf, sieben – da, o Gott, da war es wieder. Da hob es sein Haupt, da stampfte es, da schnaubte es uns an, wie ein tiefer Seufzer – und wir, wir brachen in ein Gelächter aus, daß uns die Tränen kamen, wir schrien förmlich vor Lachen, vor Erleichterung und vor Befreiung – das war ja des Friedhofwärters Schimmel, den der alte Gauner hier nächtlich weiden ließ. Das war ein Pferd, ein gutes, sanftes, weißes Roß, das seinen schönen Kopf immer wieder lauschend erhoben hatte, um die nächtlichen Besucher witternd zu erkennen. Das war Wirklichkeit, kein gespenstischer Alb. Das war Lohn und Bejahung unseres Ausharrens. Das war den Schrecken wert, »Schimmel, guter, hast am Ende gar du uns gefürchtet?«

Naß, hungrig und ausgelassen kamen wir heim, und Frömpi kochte uns noch in tiefer Nacht einen heißen Trank, und vom Kuchen blieb keine Krume übrig.

Haggers

Baltische Schule 1910 bis 1914

Es ist Zeit, daß auch ich, wie so viele meiner Mitschülerinnen, versuche, ein inneres Denkmal für Elisa van der Howen zu setzen, die unsere Schule leitete. Zu meiner Zeit war sie schon eine hohe Siebzigerin. Wenn wir morgens im Dämmerlicht des nordischen Winters in der großen Aula standen und Fräulein Howen das Katheder betrat, so herrschte nicht die Stille einer guten Disziplin allein. Es war die Stille lauschender Herzen, denen ihre Morgenandacht ein wirkliches Gebet wurde.

Die Balten erhielten ihre Schulen selbst. Sich freiwillig selbst besteuernd, gab es keine größere Ehre, als über die Jahrhunderte, durch zahllose Verbotszeiten hindurch, den Kindern immer wieder die deutschsprachigen Schulen zu erhalten. Als die Russifizierung mit dem Weltkrieg wieder besonders scharf wurde, ist es in der Howenschen Schule möglich gewesen, den russischen Kurator durch eine ganze Klasse an der Nase herumzuführen. Wenn der Vertreter zaristischer Gewalt die Schule betrat, ging ein lautloser Alarm von der Putzfrau bis in die obersten Klassen durch die Schule. Das Kind, das gerade an der Tafel das Lied an die Freude deklamierte, ging bei seinem Eintritt, ohne zu stocken, in eine Lermontowsche Elegie, in ein Puschkinsches Gedicht über, die deutschen Bücher auf den Pulten wurden wie durch Zauber in russische Geschichtsbücher und Atlanten verwandelt. Das war kein Drill, das war Hingabe und Kameradschaft ihr gegenüber, die allein es möglich machte, uns unsere Muttersprache zu erhalten. Nie wäre ein Verräter unter uns gewesen, ja sogar die Russin, die den Sprachunterricht erteilte, lebte unter dem Eindruck unseres Zusammenhaltes und hätte sich zu keinem Widerstand hergegeben.

Der Lehrkörper war groß, dennoch mußte man von dem leben, was die baltischen Kinder, die sich auf die wenigen deutschen Schulen verteilten, einbringen konnten. Dadurch wurde der Beruf Opfer und konnte sich wahrhaft von »Berufung« herleiten. Besonders hingebend wurde Fräulein Howen von den drei alten Schwestern Mickwitz unterstützt. Arm und karg war das Gehalt, verwinkelt und dunkel das Gebäude, in welchem sie uns zusammenhielten. Aber wie strahlt mir noch heute Walther von der Vogelweide, Novalis, die Renaissance in Italien oder das große Frankreich, wie Elli Mickwitz sie, aus dem Feuer der Begeisterung gemalt, vor unsere Seelen hinstellte.

Schule und Heim gehörten zusammen. Es kam die Zeit, als infolge des Krieges kein deutsches Wort mehr gesprochen werden durfte. Dann konnte man oft das merkwürdige Schauspiel erleben, wie Käufer stumm in einen Laden traten, stumm einen Zettel mit ihren Wünschen überreichten und ebenso stumm bedient wurden. Niemand hätte uns zu einer Äußerung in der aufgezwungenen Sprache bewegen können, obwohl wir sie alle beherrschten. Dieser Geist ging von den Schulen aus. Das war keine »Auflehnung« gegen die Staatsgewalt; als Bürger waren wir treu. Wie viele Balten standen in der russischen Armee! Es war vielmehr das Wissen um das Geheimnis der Sprache. Uns Kinder konnte man der Gemeinschaft nur erhalten, wenn Eltern und Lehrer über uns wachten, denn innere Kultur kann man nur mit

Opfern erkaufen. Als ich eines Tages in das Haus einer nichtdeutschen Mitschülerin geladen wurde, wo mir die Üppigkeit ihrer Spielsachen und Leckereien imponierte, hat Fräulein Howen meine Mutter sofort gewarnt.

Bis zu Zusammenbruch und Tod haben wir einstmaligen Schülerinnen später für die Uralten gesorgt, für die kein Staat aufkommen konnte, weil sie in keines Staates Dienst gestanden hatten. Ihr Herr war die Idee gewesen, Muttersprache, Mutterlaut.

Pastorat Haggers 1912 bis 1921

Wer nie ein richtiges baltisches Pastorat erlebte, der kennt auch das ganze Baltenland nicht. Das waren die Lebenszentren, die schlagenden Herzen, die Stätten der Weisheit und Bildung, die Horte der guten Sitten, die Quellen des Humors, der fröhlichen Verwicklungen und zahllosen »pratchen«, die von Mund zu Mund gehend das Land mit fröhlichem Widerhall erfüllten.

Ich habe das schönste und berühmteste durch viele Jahre gekannt, besucht und geliebt. Es lag acht Kilometer von seiner Kirche entfernt inmitten der großen Wälder, und unberührt schwebt noch heute über dem durch die Weltkatastrophen erstorbenen Haus sein unsterblicher Geist.

Wenn man vom Winterweg abbog, war man »gleich da«, so lange man vorher auch gefahren sein mochte. Nach allen Seiten war es weit genug, denn die Ländereien von Haggers umfaßten nach hiesigen Begriffen schon ein ganzes Rittergut. Die Wälder wuchsen weit in die benachbarten Forsten der Freunde und Verwandten hinein. Die Wiesen und Koppeln lagen schwer unter ihrer Frucht um den Hof.

Heute war die Pröbstin bei der Generalin Baranoff eingeladen, die Jugend war in zwei Jagdwagen davongefahren, um einen Fuchs auszugraben. Der Probst war seine Zigarre rauchend zu einer Gemeindeversammlung mit Prinz, dem schnellsten Pferd des Kirchspiels, abgebraust, ähnlich wie in den jungen Jahren seines Amtsbeginns, wo die Esten ihm nachriefen: »Fährt zur Kirche wie der Beelzebub, das Höllenfeuer im Mund!«

Das Haus lag so still, die Kleinen, von denen etwa sechs oder acht daheim waren, saßen unter den Stachelbeersträuchern. Die krumme Martha putzte Gemüse in der »Lanztuba«, wo immer mehrere Fuhrleute oder Knechte zu Gast waren. Ein paar der größeren Jungs dösten oder lasen auf der Veranda, die Füße auf die Rücken der Jagdhunde gelegt. Ich hatte nichts Rechtes vor und wanderte durchs ganze Haus, das ich so leer noch nie gesehen hatte, und nahm auf neue Weise davon Besitz. Ich war im Backfischalter des Verehrens und Träumens. Wie liebte ich das alte Pastorat ....

Da war das Eckzimmer des Probstes, die Bücher kletterten die Wände hinauf und hinab und bedeckten gar noch den Boden und die Stühle. Eine Tür führte zum winzigen Balkon, auf dem ein Bänkchen, schmal genug für zwei Personen, stand. Dort mußten die jungen Esten, die sich verloben wollten, sitzen und warten, bis sie hereingerufen wurden. Gleich dahinter war unser Schaukelplatz, auf dem ich mich so gern von den Pastoratsjungs schaukeln ließ, die langen Haare offen hinter mir wie eine Fahne und den Kopf weit nach hinten gebogen, daß ich das scheue Liebespaar verkehrtherum anschauen konnte; Indrek und Kadri oder Manj und Jürri, kein Bauernbursch hätte gewagt sich zu verloben, ohne die kleine Folter auf dem Wartebänkchen, hinter der sich Onkels Segen verbarg. Eine Verlobung in Onkels Amtszimmer wurde auf diese Weise schon zu einer festen Bindung.

Von Onkels Zimmer ging ich ins Elternschlafzimmer. Das war ein großer, heller Raum, die Gitterbettchen der Kleinsten standen an den Fußenden. Wenn Tante vor uns Ruhe haben wollte, setzte sie sich in den breiten Stuhl ans Fenster, unter welchem das Beet mit den Vanilleblümchen betörend duftete. Ein Schwalbennest hing darüber, das, nachdem es vom Sturm abgerissen worden war, in ein Henkelkörbchen gelegt wurde. Die breiten Schwalbenmäulchen schauten wie kleine Komiker über seinen Rand hinaus. Tante erzählte, wie sie in diesem Stuhl saß und mit Gott murrte, als Annemarie, die dritte, geboren wurde und so furchtbar häßlich schien. Nachts träumte sie dann, Annemarie sei blind. Überströmend in Dank über die gesunden blauen Augen, die ihr aus dem häßlichen kleinen Gesicht entgegenstrahlten, kniete sie am nächsten Morgen über dem mächtigen Stuhl. Jetzt war Annemarie die Schönste von allen, und bald würde sie als Hausfrau nach Kirna ziehen, das so märchenhaft mit weißen Säulen am See lag. Hier im Schlafzimmer hatte sich manches Geschick entschieden. Wenn nebenan die Estenjugend mit liebevollem Donner den rechten Weg gewiesen wurde, so knüpfte Tante hier ganz leise unsere Verwirrungen wieder auf. Erlöst verließ man wieder den Raum, war man auch noch so bange eingetreten. Nie kam es vor, daß ein Kind in Gegenwart der anderen einen Vorwurf bekam. Der Maßstab war streng: einmal war ich ihrem zweitältesten Sohn Erri spät abends entgegengelaufen, als er mit »Prinz« von einem Landritt kam. Das trug mir ein ernstes Wort ein. Bei aller Freiheit gab es Grenzen für junge Damen.

Neben dem Schlafzimmer, ohne Tür, gähnte wie eine Höhle der Alkoven. Er war stockfinster, und oft hielt ich Onkel die Kerze, wenn er aus dem Wandschrank das silberne Tauf- und Abendmahlsgerät nahm, um es in die bauchige Amtstasche zu verpacken. Bei der Überfüllung des Hauses schliefen mehrere Kinder hier in Tantes Nähe. Oft hockte ich auf der Schlafzimmerschwelle und erzählte nach beiden Seiten hin lange selbstgesponnene Märchen, bis die Atemzüge der Kleinen ansagten, daß es erst am anderen Abend weitergehen könnte.

Nun trat ich in den Saal. Als Onkel vor mehreren Jahren darin Parkett legen ließ, hielt man es auf allen Gütern für ein »pratchen«, und von Addila bis Riesenberg kamen sie angefahren, um zu sehen, ob es am Ende doch wahr sei. Wie wurde dann aber auch getanzt, um dem Einfall des fröhlichen Probstes Ehre anzutun.

Hier saßen wir abends und morgens zur Andacht, Tante am Flügel, das zahlreiche Gesinde an der offenen Flurtür, und die langen Töne der Choräle schallten durch die Veranda in den schlafenden Garten hinaus oder zogen über die Treppen sachte durchs obere Haus, wo vielleicht noch eines von all den Vielen schlief oder krank lag. Hier hörten wir Rittelmeyerpredigten oder Onkels Ansprachen, schlicht und rein, ganz auf das tägliche, unermüdliche Ausüben christlichen Lebens gerichtet. Die Morgenandacht war estnisch, abends und sonntags deutsch.

Hier wurde auch gespielt und gelacht, Gäste empfangen und Feste gefeiert. Eines Abends, als die Erwachsenen noch beieinandersaßen, warfen wir Onkels große Amtstasche mitten unter sie. Als sie sie öffneten, stieg der verschlafene jüngste Pastorssohn Pussi im langen Hemdchen hervor. Wir hatten ihn noch schlafend verpackt. Er lag wie ein kleiner Igel zusammengerollt im engen Gehäuse. – Wer war vor unseren Streichen sicher?

Jetzt gings in Tantes Zimmer. Hier waren wir oft abends und lasen »Soll und Haben« oder Fontane. Im großen Schlangensommer gab es plötzlich ein Geschrei, als in Tantes Nähkorb eine Kreuzotter zusammengeringelt auf den kaputten Strümpfen lag. Das war damals, als wir ohne Stock nicht spazierengingen und Onkel uns zehn Kopeken für das halbe Dutzend dieser bösen Nattern zahlte, wenn wir sie säuberlich auf der Verandatreppe aufreihten. Hier in Tantes

Zimmer war in alten Zeiten das Eßzimmer gewesen. Das riesige geschnitzte Büffet war zu groß für den kleinen Raum, da hatte Onkel in die meterdicke Mauer eine Nische schlagen lassen. Wer beschreibt die schreckenvolle Überraschung, als die Maurer in Mörtel und Schutt ein Skelett freilegten?

O du Toter, hatte Segen oder Fluch dich da hineingebannt in die engen Steine! Du hattest keine Ruh seitdem und wurdest ein Teil des großen, bewegten Hauses. Wir nannten dich Andrjuschka und hörten dich wandern. Auf dem riesigen Dachboden stand ein mannshohes Kreuz, das haben wir oft abends beim Kerzenschein gemeinsam in eine Ecke gestellt, zitternd wohl und immer in schaudernder Ahnung, und jedes Mal stand das mächtige, schwere Kreuz morgens weit entfernt und ganz wo anders. Auch wenn wir heimlich und allein hingingen und seinen Standort feststellten. Immer wanderte es, ruhelos, Andrjuschkas Kreuz. So ein Gast gibt dem Haus gleichsam die Tiefe. Es kann niemand mehr ganz und für immer gedankenlos dahinleben. Auch heute stand ich in Sinnen versunken. Ich war fünfzehn Jahre alt, und fast alle waren fort. Da sprachen die Stimmen der Mauern lauter als sonst.

Von Tantes Zimmer kam man ins kleine Gastzimmer, das allein im Hause nur ein einziges Bett hatte. Es war weiß und hell; dort wohnten die besonderen Gäste, die übermütige Aspasie Kotzebue oder der General. Heute nacht sollte dort der Kandidat schlafen, der erwartet wurde, um als künftiger Pastor einiges zu lernen. Ich begann, meine Schritte zu beschleunigen, viel Zeit blieb mir sonst nicht, um alle Welten abzuschreiten, die das Haus barg. Hinter dem Wandschirm konnte man aus Tantes Zimmer in einen finstern Flur gelangen, über dem sich ein stockschwarzer Hängeboden befand. Eine schmale Hühnerleiter führte hinauf. Dort oben schliefen die Mädchen, Anna, Hermine und die hinkende Martha. Es war kein Fenster da oben, und aufrecht konnte man nicht stehen. Wie die Ratten mußten sie hausen und waren dennoch glücklich und fröhlich.

Die Küche war sehr klein, und der Herd bedrückte einem Luft und Raum. Die Speisekammer daneben aber war groß und wie ein Schlaraffenland. Da standen ganze Fässer, in denen die goldgelben Schellbeeren, die knusprigen Himbeeren und die grünen entkernten und mit Rosenblättern vermengten Stachelbeeren in ihrem Zuckersaft schwammen. Da hingen Schinken und Würste, da standen viele Zentnersäcke mit Zucker, Grütze und Mehl. Da waren Lorbeerblätter und Rosinen in unvorstellbaren Mengen. Daneben die Satten voll Rahm, die Buttertürme und Fettschüsseln.

Eine Zeitlang kam unter uns die Mode der Schmandbonbons auf, und wir standen in dichten Scharen um den Herd und kochten aus Rahm und Zucker ein traumhaftes Konfekt, das wir halbvollendet in Suppenteller gossen und mit Löffeln verzehrten. Als die anderen dieser Sache schon überdrüssig waren, trieben Bill und ich es noch immer weiter, bis Tante eines Tages fand, jetzt im Kriege (1915!) könnten wir uns den Schmand lieber bei den Bauern holen. Aber der Zucker – von dem wurde gar nicht gesprochen. Und man bedenke, daß wir doch fremde Kinder waren, die hier so in Großzügigkeit walten konnten. Das Pastorat selbst besaß nur elf Kinder, neun eigene und zwei angenommene, alle anderen waren da, um zu lernen, sich zu erholen oder um Schmandbonbons und Onkels Lehren im Wechsel zu genießen.

Der kleinen Küche gehörte die »Lanztuba« zu, der Saal des Gesindes, wo das Brot gebacken und am langen Tisch mit den Gastkutschern geplaudert wurde. Wie oft haben wir hier gesessen und zugehört, wenn die Mägde von Andrjuschkas Kreuz und vom ertrunkenen Anton erzählten oder die Knechte klagend die Ziehharmonika zogen.

67

Soll ich noch die Diele erwähnen, in der in vielen kleinen Kästen die Gummischuhe standen und darüber an hundert Mäntel hingen, von denen man gerade immer diejenigen anzog, die erreichbar waren oder einem paßten? Hier hielten sich die Mägde auf, wenn drinnen die Andacht gehalten wurde.

Der Eßsaal faßte für täglich 25–30 Personen, die Kleinsten am Katzentischchen. Das Essen war einfach, aber sehr reichlich. Ich erinnere mich, wie die großen Jungs Wettessen mit Eierkuchen machten, und Walter, der zarteste und kleinste, es auf 30 Stück brachte. Unermüdlich hinkte Martha zur Küche und zurück. Rechts der Pröbstin saßen nach baltischer Sitte alle Frauen und Mädchen, links aufgereiht die Männer, Onkel in seiner mächtigen Fülle obenan, Puss, der jüngste, am Ende. Das ist zum Unterhalten eine feine Anordnung, man sieht dem Gesprächspartner in die Augen. Reiches Besteck, einfaches Geschirr, Blumen und große silberne Rubel, mit denen ein Sünder den Fleck im Tischtuch bedeckt hatte, Geist und Witz, weiße Kleider, Hunde unterm Tisch, Gäste zu allen Zeiten, so wurde dort getafelt. Ich sah es deutlich vor mir, obwohl mich der große Raum jetzt leer angähnte.

Ein Schritt weiter und ich stand in der Herzkammer des Hauses, in Ellos rotem Zimmer. Ello war die zweitälteste der Pastoratstöchter und gab mit ihrer Schwester und einer Lehrerin den Unterricht, besonders im Französischen, aber auch Latein und Mathematik lagen in ihrer Hand. Alle Buben verliebten sich in sie, was sie spöttisch daran zu erkennen pflegte, daß sie begannen, ihre Finger zu pflegen. Ello hatte ein braunes und ein blaues Auge. Das braune war in den Stunden des Gespräches über Nietzsche und Racine tätig, bei den Abendspaziergängen zu zweit, wo man sein Herz bei ihr erleichtern durfte. Das blaue jedoch schaute abends schelmisch in den Schuh: »Wo ist das geblieben, was im

Loch des Strumpfes war?« Da half kein Schütteln, nichts fiel heraus, und nun mußte man doch wieder Strümpfe stopfen.

Ello saß im Abendlicht, das durch die hohen Bäume fiel, auf dem Fensterbrett und sang französische Lieder, und sie lächelte, wenn wieder ein Bub, so ein junger, in Liebesnot um sie umherging. Sie wußte, bald würde sie ihn wachsen sehen, ein starkes Gefühl ist gut für die Seele. Ein Hauch von Märchen umgab sie, wenn sie so zierlich auf dem Tisch hockte und ihre Leinenschuhe mit Weihnachtsgold vergoldete, sie war immer weiß gekleidet, mit seidener Schärpe und Spitzen. Man hätte in dem zarten Gewand nicht das starke und tapfere Vorbild vermutet, das uns liebevoll, helfend und unnahbar voranging. Sie schlug uns Mädchen und Knaben zu Rittern, und noch heute fühlen wir den Schlag.

Mein Rundgang wurde nun drängender, bald war Kaffeezeit. Ich eilte die breite, lichtlose Treppe hinauf, wo die Schauplätze unserer Wasserschlachten und Streiche sich ausdehnten, riesige niedere Räume mit Erkern und Nischen. Dort hatten wir unsere Betten und Schränke nach persönlichem Geschmack aufgestellt, alles Kasernenmäßige war uns fremd. Vor dem Fenster der großen Mädchen, auf dem Verandadach, hatten wir in der kürzesten Nacht des Jahres gesessen, in Nachthemden mit Decken, Kissen und Teller voller Schmandbonbons, und zum Beweis wie hell diese Nacht sei, bis Sonnenaufgang einander aus der Bibel vorgelesen. Weil gerade Konfirmationszeit war, nahmen wir kein weltliches Buch.

In das Nordzimmer mündete eine zweite Treppe, mitten im Raum eine Art Kasten bildend. Wir erzählten dem kleinen Hubertus, der nicht brav sein wollte, daß bald der große Erri vom Studium heimkäme, der würde sich ums Treppenhäuschen schlängeln wie eine Natter, weil kein Bett lang genug für ihn wäre, und er würde alle kleinen Jungen ganz grimmig strafen. Als dann Erri kam, untersetzt und wohlgenährt, hielt unser Märchen dennoch stand, denn diesen klugen Probstkindern konnte man jede Kunst zutrauen, wer weiß, ob er sich nicht ausdehnen konnte wie ein Gummiband.

Ich wollte noch schnell auf den Boden schlüpfen, der sich finster über dem ganzen Haus hinzog, und auf welchem ein Gang wie ein Fuchsrohr senkrecht bis in den Keller hinabging, aus alten Zeiten, wo Andrjuschka noch lebte. Da hatten wir manche Mutprobe ausgefochten, und einmal, als ich den schauerlichen Raum überqueren mußte – wo, an welcher Ecke tat sich der Abgrund auf? – hatten die Jungs, um mich doppelt zu erproben, ein nasses Laken in meinen Weg gehängt. Halb ohnmächtig vor Schrecken hatte ich dennoch danach gegriffen und es dann abgehakt und mitgenommen. Ha! wie habe ich es den Missetätern um die Ohren geschlagen!

Ich wollte auch noch nach der greisen Katti sehen, der Dorfalten, die ihr Lager in einer Bodenecke aufgeschlagen hatte und, um uns fernzuhalten, Andrjuschka beim Kreuztragen geholfen haben mochte; aber ich hörte den Wagen, er fuhr scharf und knirschend vors Haus und hielt mit einem Ruck. Ja, der Kandidat war gekommen, aber was für einer! Dummfromme Augen, die dünne Gestalt so unbeholfen und plump, dabei so viel pastorale Würde und Unnahbarkeit, daß all unsere gesunde Abwehr erwachte. Dem wollten wir es gleich zu Beginn zeigen! Die »Großen« konnten das Werk dann fortsetzen. Schade, jetzt hatte ich nur Halbwüchsige zur Hilfe. Aber sie waren mächtig einig mit mir, wir mußten den jungen Mann erst zurechtkneten, damit er ohne Wichtigtuerei in unsere gesunde, fröhliche Welt paßte.

Nach Kaffee und Kuchen führten wir ihn in sein Zimmer. Hernach machten wir mit ihm einen Rundgang durch den Obstgarten mit seinen Gängen und vollen Zweigen, in den großen Kuhstall, vorbei an den Melonenbeeten und dem

Leutehaus, durch den Pferdestall, wo nur das Fohlen daheim war, bis in die Wagenremise. Hier nötigten wir ihn höflich, im Landauer Platz zu nehmen, dessen Seidenpolster nach vergilbten Festen und wehmütigen Dingen rochen. Trotz Staub und Spinnweben stand die alte Kutsche feierlich in der Ecke. Wieviel tüchtiger war die Reitdroschke, wieviel flinker sahen die vielgestaltigen Schlitten aus. Die Jagdwagen und leichteren Fuhrwerke waren alle ausgefahren. Der Kandidat ließ sich ein wenig befremdet unsere Erklärung gefallen. So, nun saß er drin, in den blauen Kissen. Krach, schlugen wir den Wagenschlag zu, und unter einem rechten Geheul von Schadenfreude hatten wir auch das Tor der Remise zugeschmissen und verschlossen, ehe er unseren tückischen Überfall begriffen hatte. Vorsichtshalber warf ich auch den Schlüssel noch in den Brunnen.

Erst nach dem Abendessen kam alles an den Tag. Der Tisch war wieder lärmend voll, und Onkel erzählte lachend, wie er am Wege einen seiner Bauern beim Holzstehlen erwischt und ihn tüchtig verprügelt hatte. Da hatte der jammernd geschrien: »Prausti-herra, Prausti-herra, Herr Probst, Herr Probst, Sie haben doch selbst gesagt, der Geist ist willig, aber das Fleisch ist schwach!« »Was schreist Du«, sagte der Onkel, »ich schlage ja auch nur Dein Fleisch!« O du Mann Gottes, Prediger und Herr, du verstandest es zu lenken und zu regieren, und die Bauern liebten dich fast wie Gottvater selbst.

Inzwischen erzählten die Söhne und Pensionskinder von der Fuchsjagd. Reinecke hatte ihnen ein stinkendes leeres Nest hinterlassen; Salka, der aufgeregte Jagdhund, hatte fast den Verstand verloren, als der Feind nicht mehr daheim war. Wir aber hatten gründlich zu lachen. Nur vom Jungsende kam es nicht so ungehemmt hervor, auch ich war stiller, der Kandidat drückte uns die Seele ab. Aber

Onkel merkte nicht sein Fehlen, und Tante sah uns nur leise forschend an, sie verstand es, beizeiten zu schweigen.

Nach dem Essen beichteten Ilka, Kosti, Bill und ich vor Erris strengem Gesicht. Er lachte schallend – »Das haben Sie fein gemacht, Nickelchen« (Jungens und Mädchen sagten bei uns noch Sie zueinander) – und ließ ein Dorfkind am Eimer in den Brunnen hinab, den Schlüssel zu fischen. Der kleine Junge hatte mächtige Angst, aber nie konnte ihm so schlimm zu Mute sein wie mir, als er im grünen Holzkübel hockte und die lange Kette langsam in die Tiefe gerollt wurde. Was würde geschehen, wenn die Kette riß, was hätte ich auf mich geladen, wenn dem Buben etwas geschah? Er stellte sich aber ganz geschickt an, es war ja Sommer und wenig Wasser im Brunnen. Ganz tief spiegelte es uns wieder, wie wir uns gedrängt um das Brunnenloch beugten. Im klaren Rund hatte das Kind den Schlüssel schnell entdeckt und ihn nach einem einzigen Hinabtauchen schon in der Hand. Ich schenkte ihm eine im Krieg so rare Apfelsine und sagte: »Nun aber marsch ins Bett«.

In großer Prozession öffneten wir die Remise. Wie jammervoll kam nun der Kandidat hervor, hungrig und heiser vom vergeblichen Rufen. Fort war die falsche Würde, verschwunden das falsche Pathos. Ganz menschlich lebte er fortan unter der gefährlichen Jugend. Das Lehrhafte trat zurück, und das Echte gewann Raum, die stillen Stunden in der Urväterkutsche hatten es in ihm erweckt. Mich aber bewahrte Erri vor einem Strafgericht seines Vaters. Sie lachten alle so gern, und hatte ich nicht Stoff genug zu einem wahren Lachfest gegeben? Von Erri bekam ich sogar noch eine Tafel Schokolade. Er ist später Richter geworden, man urteile selbst, mit wieviel guter Eignung.

Haggers war das goldene Füllhorn, das über unsere Jugend die Süße ohne Bitternis ausstreute. Ich frage mich oft, wie soviel Freiheit mit soviel selbstverständlicher Disziplin zusammenkam? War es nicht doch das altmodisch Ritterliche, das schon die kleinsten Jungen in ihren Spielkameradinnen die Frau verehren hieß? Das ganze höfische Menuett dieser Zeit ersteht mir neu. Jungen öffneten den Mädchen die Tür, hielten ihnen den Mantel, gaben ihnen den Vortritt. Ein Mädchen konnte nicht grob und unzart sein, weil es nicht nötig hatte, sich ungleichen Kräften gegenüber zu behaupten. Aber das Geheimnis liegt darin, daß es freiwillig geschah, kein Zwang würde ja das Gebaren jener Zeit zurückbringen.

An den heißen Nachmittagen gingen wir baden, die Jungens nach Jerwe, die Mädchen nach Keldimae. Die Seen lagen verlassen im gesprenkelten Licht der Wälder. Kranich und Enten flogen auf, wenn unsere lärmende Schar aus dem Dickicht brach. Das Wasser war klar und warm, nur an »Antons Loch« strömte es eisig hervor, und es war nicht sicher, ob der Ertrunkene nicht plötzlich mit schilfigem Arm nach uns greifen würde. Unser Gesang schlug an die einsamen Ufer, nie kam ein Fremder in diese Wildnis.

Nach dem Baden wanderte ich gern über Orjakatku, wo der schreckliche Stier weidete, ins Dorf Haiba, um Süßigkeiten zu kaufen. Die ganze Stunde Heimweg kämpfte ich mit dem Entschluß, die Tüte ganz nach Hause zu bringen, aber ich konnte den gestreiften und honigglänzenden Bonbons nicht widerstehen. Das half ja so gut gegen die Angst, denn war das Funkelnde dort unter den Birken nicht des Stieres Auge? Dröhnten nicht bereits seine Hufe unter den Tannen hervor? Stand er nicht lauernd am Zaun, über den der Weg dann endlich in sicheres Gebiet führte? O Herzklopfen in der Stille, Sonne auf dem knisternden Rasen. Der Weg durchs Wacholdergebüsch hatte für mich immer etwas Neues und Unbekanntes. Es war wie ein Aufatmen, wenn der Hochwald vor einem aufragte und zwischen den ältesten Tannen der Schaukelplatz sich zeigte. Im ganzen Norden, auch in Schweden und Finnland, gibt es solche Schaukeln. Es ist, als müßten die Seelen der Menschen in der granitenen Natur zum Schwingen gebracht werden. Die steinige Landschaft, die endlosen Wälder, die melancholische Erde ruft die Sehnsucht nach Bewegung und Freude hervor. Jedes Dorf hat seine Schaukel, festgefügt aus Balken und Brettern kann sie sechs bis acht Personen auf einmal tragen.

Um die Pastoratsschaukel war der Boden wie ein Tanzplatz glatt getreten. Alle Abende hockten wir singend beieinander und sahen die großen Jungen sich schwingen, daß ihre Füße senkrecht in die Baumwipfel ragten. Die Mädchen saßen zwischen ihnen auf den Brettern und schrien schallend. Einmal stürzte ein Konfirmand, Graf Tiesenhausen, ab und brach sich beide Beine. Onkel erkundigte sich, wie lange so ein Knochen zur Heilung brauche – drei Wochen. Nun gut, es dürfe fortan drei Wochen vor einer Konfirmation nicht mehr im Walde geschaukelt werden, damit sie zu dem heiligen Fest alle wieder gesund beieinander wären. So einfach und klar konnte sonst keiner entscheiden. Auf der kleinen Schaukel im Garten gab es aber kein Verbot, und immer wieder war es ein Anlaß, aus luftiger Höhe die Verlobungspärchen an Onkels Tür zu betrachten.

Es kamen die Tage der Jungwildjagd. Man ging hinter den Hunden durch die »Heuschläge«. So nannte man jene meilenweiten Wiesen, die locker mit Birken und Wacholderbüschen bestanden an bayerische Almen erinnern. Fast lautlos strichen die Hunde durch das Unterholz, Hasen stürmten aus ihren Nestern, die Löffel angelegt, die leuchtende Blume durch listiges Hakenschlagen dem Blick entziehend. Rauschend erhoben sich die Birkhähne vor den Nasen der vorstehenden Hunde, klirrend flatterten Rebhuhnketten davon, bei jedem Schuß sich jäh zerteilend, um über die gefallenen hinweg weiter zu fliegen, auf und nieder in rasender Hast.

Als die ersten gelben Blätter der alten Birke meldeten, daß es wieder Zeit sei, rollten die Wagen mit den Jagdgästen vors Haus. Ich stand oben und zog mich festlich an, gleich ging es zu Tisch. Hin und wieder schaute ich durchs Fenster – dort unten führte der Kutscher die Braunen aus Koil zum Stall, während der Sutlemsche gelbe Stuhlwagen gerade vor die Rampe fuhr. Gleich würde es gongen. Jetzt kamen die Hattoküllschen. Ich sah Herrn v. Ramm aussteigen und seinen drei ältlichen Schwestern aus dem Wagen helfen. Vier Vorsteher krochen wedelnd unter den Sitzen hervor. Meine Schäferhündin Tota stand jaffend auf der Schwelle, obwohl selbst ein Gast, wollte sie das Haus vor dieser Hundeinvasion verteidigen. Es waren zwei Hündinnen dabei, und seit jeher kann kein Hundeweib das andere vertragen. Eine heulende Schlacht war schnell entfesselt. Ich rannte noch halb angezogen zum Waschtisch und goß den Krug über den Kämpfenden aus. Zielen konnte ich nicht, weil ich unfertig gekleidet mich nicht am Fenster zeigen konnte. So entging es mir, daß die ganze Wasserladung dem Gast zwischen Nakken und Rockkragen hineinschoß. Zwei Sekunden darauf war die ganze Jugend an der Tür – »Nita, was hast Du getan!« Und nun gongte es auch. Ich traute mich nicht nach unten; mit fünfzehn Jahren fällt es schwer, um Verzeihung zu bitten. Als ich endlich angezogen war und Mut gefaßt hatte, standen schon alle um die Tafel, bereit zum Tischgebet, und ich mußte an allen vorbei zum oberen Tischende und knicksend mich als die Sünderin vorstellen. Die tief gesenkten Köpfe der Jungen zeigten sehr wohl ihren Kampf mit dem Lachteufel. Ach, daß man ihn nicht loslassen durfte – wie herrlich sah der lange Fridolf Ramm in den zu kurzen Hosen und Ärmeln des Probstes aus! Auch Onkels Augen funkelten vor Vergnügen. Nur der Gast stand frierend und ernst. Allein die Miene Tantes, aus der nichts sprach außer Strafe und Verdammnis, war geradezu ein Halt. Noch Jahre lebte das Pratchen fort von dem Empfang, den Nita, das Teufelsmädel, dem Hattoküllschen bereitet hatte.

Jedes Jahr im Sommer waren fünfzehn bis zwanzig Konfirmanden im Pastorat versammelt, sechs Wochen lang unterrichtete Onkel sie früh und nachmittags in den Lehren des Katechismus und erzählte aus dem Leben der ehrwürdigen Christen und aus seiner eigenen Arbeit, so daß ein Bild der Verantwortung und Nächstenliebe vor uns aufgebaut wurde, das gerade durch seine zusammengefaßte Kürze einprägsamer war als monatelange Unterweisung. Der Tag begann und endete gemeinsam bei Andacht und Choral, abends gingen wir danach immer noch die halbe Stunde Wegs zur Schaukel und spielten und sangen, philosophierten und schaukelten, bis die Sterne am hellen Sommerhimmel uns heimwärts wiesen. Oder wir saßen auf der Veranda, im starken Duft des Gartens, und bulsterten die Erbsen für Tantes Einmachtöpfe aus und gaben uns Rätsel auf, lauschten einem guten Buch oder schlenderten zu zweien durch die Beerenhecken, unter denen die Jüngeren genießend kauerten. Vor dem Mittagessen räkelten wir uns faul auf der Schaukelbank, einige spielten Kurni oder Rattas, Spiele voll Gewandtheit und Kraft, bei denen ich es immer mit den Jungs hielt. Der eine oder andere verschwand wohl auch über den kleinen Balkon mit dem Verlobungsbänkchen in Onkels Zimmer, das Neue Testament in der Hand und fragte den gütig Wissenden um Sinn und Rat.

Zur Nacht nahmen wir unsere Kerzen und gingen wie eine Lichtprozession in unsere Betten, wo wir oft noch lange lasen und schwätzten, bis ein Flämmchen nach dem anderen ausgeblasen wurde.

Anastasia

Ich war siebzehn Jahre alt und wohnte an der Ostsee. Überall im Lande züngelten die roten Flammen der Revolution empor. Meine Eltern waren nach Sibirien verbannt und nun nach Japan »begnadigt« worden. Ich sollte zu ihnen kommen. Als meine Sachen gepackt waren, gab mir unsere alte Kinderfrau ihren Segen, meine Erzieherin brachte mich zum Bahnhof, und ich fuhr ab mit dem Mut, den nur unerfahrene und sehr junge Menschen haben. In St. Petersburg erwartete mich die Schwester meiner Mutter. Dort bot sich mir ein Bild, das die wohlbekannte, lebensvolle Metropole völlig fremd erscheinen ließ. Wo früher schöne Kutschen mit eleganten Damen und Herren gefahren waren, staute sich ein wildbewegter Strom von verwahrlosten und aufgeregten Menschen, die schrien und drängten und nach etwas Neuem verlangten, nachdem sie das Alte umgestürzt hatten. Denn die Zarenfamilie war gefangen und verschleppt.

Viele Vermögende und Vornehme suchten sich in Sicherheit zu bringen, hier und da war es schon zu blutigen Auseinandersetzungen gekommen.

Ich verstand die Ausdehnung der Katastrophe überhaupt nicht. Wie hätte ich erfassen sollen, daß hier die größte Umwälzung der Welt begann. Ich sah lediglich, daß vor den Hauseingängen, wo früher die dicken Torhüter mit den weißen Schürzen gestanden hatten, jetzt Händler russische, handgeschnitzte Holzlöffel feilboten, auf denen in bunten

Lackbuchstaben stand »Zum Andenken an die Revolution«. Ich kaufte so einen Löffel.

Am Abend wurde ich der Frau eines japanischen Diplomaten übergeben, die mit ihrem Stab nach Japan reiste. Ein russischer adliger Fähnrich von neunzehn Jahren, der natürlich auch fliehen mußte, durfte ebenfalls den Schutz der Japanerin genießen. Der Pulmanwagen erster Klasse hatte genügend Raum, wir reisten bequem und schnell. Der Fähnrich und ich waren die Jüngsten und vertrieben uns die Zeit mit Pfeifen. Ich pfiff falsch die erste Stimme, er die zweite aber richtig und wohltönend. Den Rhythmus gaben die Räder des Zuges. Auf den Stationen stiegen wir aus und speisten in den Wartesälen erster Klasse, wo es noch alles in guter, russischer Fülle gab, gebratene Kücken, marinierte Neunaugen, Weißbrot und chinesischen Tee.

Wir erkannten an den Gesichtern der Menschen auf den Bahnsteigen, daß sie nicht recht wußten, was sie mit uns tun sollten. Es war Revolution und wir sollten eigentlich niedergeschlagen werden. Die dritte Klasse wurde gestürmt, Frauen mit Bündeln und Kindern, ein ganzes, kopfloses Volk fing an zu wandern. Aber wir hatten Diplomatenzeichen am Wagen und die fremdartigen Gesichter der japanischen Damen schauten aus den Fenstern, weiß und rosa gepudert, mit schönen, schrägen Augen und lächelnden Mündern. Es war wie ein Blumenwagen mit fremden Gewächsen. Man berührte uns nicht.

Am zwölften Tag fuhr der Zug in Wladiwostok ein, der östlichsten Hafenstadt Rußlands. Wir sollten uns dort gemeinsam auf der Maru einschiffen, einem japanischen Dampfer, der am gleichen Nachmittag nach Tsuruga aufbrechen sollte.

Hier erlebten wir zum ersten Mal, ohne den Schutz des Pulmanwagens, eine Stadt in den Wirrnissen der Revolution. Eine Miliz mit roten Armbinden empfing uns. Die Pässe wurden angesehen, das Gepäck auf Droschken verladen. Man wollte abfahren, als plötzlich einer der Funktionäre mich scharf ins Auge faßte. Ich wurde rot. Die Lieder, die wir unterwegs gepfiffen hatten – sollten sie Mißfallen erregt haben? Oder was hatte er nur? Er ließ sich noch einmal meinen Paß zeigen, er rief einen anderen herbei und sie schauten immerfort mein Gesicht an und wieder den Paß. Sie gingen an ein Telephon, dessen Kurbel man drehen mußte, aber sie sprachen in Rätseln. Sie waren furchtbar aufgeregt und schnauzten die ganze japanische Delegation an, was sie noch hier wollten, sie sollten zum Schiff fahren – nein, die junge Dame bliebe hier. Wo? Das ginge sie nichts an, beim Kommandanten natürlich. Und schon hielten mich zwei Soldaten links und rechts am Arm. Ich widersetzte mich nicht, weil ich so erzogen war, daß man keine Szenen machen darf, und weil ich sicher war, das Ganze sei ein großes Mißverständnis. Die anderen gingen zu den Droschken und suchten mir mit den Augen Mut zuzuwinken, dann wurde auch ich verladen und mit zwei flinken Pferden stadtaufwärts gefahren. Ein Schild zeigte an, daß hier der neue Kommandant, der Zahnarzt Veilchenstein wohne. Es sah alles schäbig und improvisiert aus. Ich ging zwischen den schweigenden, unheimlichen Soldaten die Treppe hinauf. Es war damals noch völlig unbekannt, daß einem jungen Mädchen aus meiner Welt etwas Häßliches geschehen könne, und da ich nicht wußte, wovor ich mich fürchten solle, fürchtete ich mich auch nicht.

Der Kommandant befand sich im Zahnatelier. Noch war keine Zeit gewesen, die in späteren Jahren von Diktatoren aller Färbung so beliebte Machtbetonung zu entfalten. Der kleine schwarze Herr Veilchenstein empfing mich noch ungleich aufgeregter als der Funktionär im Paßamt. Er schob und stieß mich in Windeseile in seinen Zahnarztstuhl. Es war noch ein Hocker und ein kleiner Schreibtisch im Zimmer. Die Wache ließ mich erst los, als ich sicher auf dem hohen Ledersessel saß, zog sich dann an die Tür zurück, nahm stramme Haltung an und hielt die nach russischer Art mit einem Bajonett verbundenen Gewehre aufrecht im Arm.

Der Kommandant setzte sich auf den Hocker und begann nicht, wie ich mit Herzklopfen geargwöhnt hatte, mir die Zähne zu ziehen, sondern mich auszufragen. Erst begriff ich überhaupt nichts. Ich hielt den Mann für verrückt, denn ich konnte seine Fragen nur so verstehen, daß er glaubte, ich sei eine der Töchter unseres Zaren. Was sollte das, wenn er mich Genossin Prinzessin oder Olga Romanowa oder Anastasia Nikolajewna anredete? Ich ahnte nicht, daß die ganze Herrscherfamilie bereits in Jekaterinenburg im Ural gefangen oder schon ermordet worden war. Das wußten in Rußland nur die Revolutionskomitees, die Tribunale und die Kommandanten. Ich konnte nur entsetzt die mir nicht zukommende Anrede zurückweisen.

Wir kannten ja die Bilder all der schönen Zarentöchter, der dunklen Olga, der blonden Tatjana, der jungen Anastasia und Maria. Wir vergötterten als Backfische den kleinen Thronfolger, der so ernst sein Köpfchen aus dem hohen Uniformkragen streckte. Und obwohl ich mich leise erinnerte, in der Schule auf meine Ähnlichkeit mit der Prinzessin Olga hin geneckt worden zu sein, kam es mir gar nicht in den Sinn, mit diesen hohen Kindern verwechselt zu werden.

Das war unmöglich und der Kommandant war vielleicht betrunken. Ich sagte ihm also, mein Schiff ginge ab. Mein Gepäck wäre bereits dort und ich könne auch meine Fahrkarte nicht verfallen lassen. Herr Veilchenstein fing an zu lachen. Er hüpfte umher und fuchtelte und schrie – nie, nie würde er mich ins Ausland lassen, ich würde dort eine Gegenrevolution anzetteln, ich würde alles verderben, ich sei gefährlich, wenn ich ins Ausland gelangen würde. Nie, also wirklich nie! Aber er würde mich unterbringen, vorher müßte ich ihm alles gestehen. Und sein Lachen wurde schnell wieder zu einem häßlichen, bösen Drohen. Wie sei ich hierhergekommen? Wie zu den Japanern? Zu wem wollte ich in Japan? Das dumme Märchen, daß meine Eltern dort seien, könne er leicht widerlegen, und so ging es ohne Gnade weiter. Ich war völlig starr, ich konnte einfach nicht begreifen, was etwa mit mir geschehen könnte.

Es kam mir immer mehr ins Bewußtsein, daß ich in Gefahr war. Daß ich gefangen war, gefangen. – Ich sah mich nach den Soldaten um. Sie standen stramm, das Kinn hoch, die Bajonette an der Schulter. Sie blickten mich nicht an. An ihnen käme ich nie vorbei, auch wenn ich das dunkle Männchen beiseite stoßen würde.

Unbewußt horchte mein Ohr auf die Straße, ein Wagen, dessen schnelles Rollen und Pferdegetrappel ich schon einige Sekunden hörte, war plötzlich still – stand er vor dieser Tür? Stand er meinetwegen? Einen Atemzug danach wurde die Tür aufgerissen, noch schneller aber hatten die Soldaten ihre Gewehre gesenkt und wie ein Kreuz vor die Türöffnung gehalten. Aber lächelnd, wenn auch ein wenig atemlos, stieg der junge Fähnrich über die Bajonette hinweg und sagte: »Ich grüße Sie, Genosse Veilchenstein, wie gut, daß ich Sie antreffe, das Schiff wartet, wir können den Kapitän kaum noch bewegen, Stunden um Stunden im Hafen zu verlieren, wie ist es denn, sind Sie fertig? Kommen Sie, mein gnädiges Fräulein, es eilt sehr!« Er sprach ohne Punkt und Komma. Der Kommandant war völlig überrumpelt und versuchte, seine Argumente an den Mann zu bringen. »Werden wir gleich haben«, wurde er unterbrochen, und der Fähnrich nahm ein Stück Papier vom kleinen Schreibtisch und schrieb darauf, indem er laut sprach: »Ich .... verbürge mich dafür, daß die Bürgerin Nita von Kügelgen weder in Japan noch sonst irgendwo im Ausland eine Gegenrevolution gegen die neue Regierung unternehmen wird. – Danke

Genosse Kommandant! Kommen Sie meine Dame!«, und er zog mich aus dem Stuhl. Über die gekreuzten Gewehre hinweg rannten wir die Treppe hinunter in die wartende Droschke und rasten davon. Etwa zwanzig Minuten lang jagten wir dahin, und von Zeit zu Zeit stand der Fähnrich auf und gab dem auf die Pferde einschlagenden Kutscher einen Silberrubel, um ihn zu immer größerem Tempo anzuspornen. Denn hinter uns jagte eine zweite Droschke mit dem Kommandanten, der inzwischen das Spiel erfaßt haben mußte. Ich hielt mich fest, es war eine tolle, herrliche und schreckliche Fahrt. Wladiwostok ist eine belebte Hafenstadt, und nur durch ein Wunder kam niemand zu Schaden. Im Hafen lag die Maru. Alle Matrosen waren an Deck angetreten, die Passagiere schrien und winkten, viele Männer zogen am Landungssteg noch während wir darüber eilten. Die Matrosen riefen Bansai! Die Droschke mit Herrn Veilchenstein kam angaloppiert, als bereits das dunkle Meereswasser uns vom Ufer trennte.

Was glaubten, was vermuteten die Leute auf dem Schiff? Ich wurde an den Tisch des Kapitäns gebeten und war sehr verlegen, denn ich war noch nicht »ausgeführt und zu den Erwachsenen gezählt worden«. Ich fürchtete sehr, mich daneben zu benehmen. Der Kapitän ließ mir lauter Leckereien geben, er mochte mein Alter richtig eingeschätzt haben. Mein junger Retter wurde viel gelobt, zumal von den japanischen Damen. Er lachte vergnügt und selbstbewußt über den gelungenen Streich. Ich habe noch jahrelang an den Jüngling gedacht. Er war für mich das Urbild des Helden, unbekümmert, mutig, frech und ritterlich.

Über dem Wiedersehen und der beglückenden Zeit mit meinen Eltern und Geschwistern wurde das Erlebnis ganz klein und endlich fast vergessen. Zu viel brach über die Welt herein, zu vieles hatte der zu Ende gehende Erste Weltkrieg gewandelt und erschüttert. Als ich meiner Mutter den Holzlöffel gab, auf dem stand »Zum Andenken an die Revolution«, sah mein Vater mir in die Augen, sehr erstaunt und ganz weiß im Gesicht und warf den Löffel in das Feuer des Kamins.

Das Feuer

Eines Tages kam unser Vater ins Kinderzimmer und sagte:
»Lauft mal in den Stall, ich glaube da wartet etwas auf
Euch.« Wir rasten natürlich in den Stall. Da standen links
und rechts die Ackerpferde, die Schwänze umwedelten ihre
Flanken und hin und wieder stampfte eins mit den schweren
Hufen, während sie alle die Köpfe in die Haferkrippen ver-
senkten und eifrig kauten. Hinten waren die Boxen für Vaters und Mutters Reitpferde, die sich dort frei bewegen und
über die Zwischenwand, die nur ein schwebender Balken
war, miteinander kosen konnten. Das kannten wir doch alles. Was, wo, wer wartete denn auf uns? Ja richtig, da war
die kleine, dunkle Fohlenbox, wo die Kutscher immer alles
mögliche hineinwarfen, ihre Jacken oder Pferdedecken oder
ein altes Kummet; da war aber jetzt alles leer, und sauberes
Stroh glänzte am Boden. Mitten darauf stand ein winziges
Eselchen, hellgrau mit schwarzen Augenbrauen, und schaute uns erwartungsvoll an.

Das war auch die erste Begegnung mit den Verwandten
aus Addila, denn der Onkel Franz war soeben von dort gekommen und hatte das kleine Tier in seinen Kutschwagen
gestellt. Sie waren über fünfzig Kilometer gefahren, und die
Reise war sicher der größte Teil dieses Geschenkes. Wie
mochten Vetter Axel und seine Brüder ihr Grautierchen ver-
missen! Sie mußten ja in die Stadt, um dort die Domschule
zu besuchen, und konnten ihr Eselchen nicht mitnehmen. So

schlug Vetter Axel vor, es uns zu schenken, unsere Daisy! Wir haben sie sehr geliebt, sind auf ihr geritten, sind mit ihr in den Wald gefahren oder haben sie einfach mitlaufen lassen, wenn wir tobten und spielten.

Dann kam der Erste Weltkrieg und wir wurden von einem Tag zum anderen herausgerissen und nach Sibirien verschleppt.

Als wir 1918 nach langer, schwerer Zeit wieder heimkehren konnten, war Daisy nicht mehr da. Wohl aber waren der Vetter Axel und seine Brüder nun schon Studenten und besuchten uns oder wir sie auf ihrem schönen Addila, wo man im Sommer faul in der Sonne liegen konnte und im Winter Schlittschuh laufen oder auf die Jagd gehen.

Es war aber der Krieg zwischen Rußland und Deutschland noch nicht ganz zu Ende. Inzwischen hatten die Russen eine Revolution durchgemacht und wollten nun den Krieg fortführen. Sie besetzten baltische Städte und mordeten ihre Bewohner. Das deutsche Heer konnte nicht schnell genug voran, weil der Winter eisig war und die Ostsee ganz zugefroren. Alle wußten, daß ein großer deutscher Heeresteil im Winterquartier auf der Insel Ösel lag. Das Leben vieler Menschen hing davon ab, ob sie es wagten, einfach über das Eis zu marschieren.

Wie sollte man es ihnen klar machen, wie ihnen die verzweifelten Notrufe zukommen lassen? Ösel war eine große Insel weit draußen, davor noch andere Inseln, auf denen vielleicht schon Russen waren; man mußte stundenlang über blankes Eis reiten, um hin zu kommen. In Dorpat waren viele Balten gefangen worden und warteten in ihren Verliesen auf den gewissen Tod. Da nahm Vetter Axel sein Pferd und ritt los. Er ritt ganz allein, und es gab lange Strecken, wo er das Ufer nicht mehr und die Insel noch nicht sehen konnte; ringsum Eis und Nebel und Kälte und schreckliche Einsamkeit. Aber er kam in Arensburg an, das ist die kleine

Hauptstadt von Ösel, und er war so dringend und so beredt, daß der Kommandeur ihm glaubte und den schier unmöglichen Vormarsch über den gefrorenen Ostsee-Sund mit den Kanonen und den Soldaten und dem ganzen Troß bewältigte. Als das deutsche Heer in Dorpat einzog und die Verließe öffnete, da drängten sich die Menschen um die in Reih und Glied und mit Musik einmarschierenden Truppen, die Glocken läuteten und die Menschen umarmten sich; die ganze Stadt sang laut: Nun danket alle Gott. – –

Damals waren wir noch nicht von Sibirien zurück, weil es sehr schwer war, durch die Fronten zu gelangen. So erfuhren wir von Vetter Axels Heldenritt und der Ordensverleihung durch Kaiser Wilhelm erst nachträglich. Für mich war natürlich dieser Vetter nun ein großer Mann; ich schwärmte für ihn und war sehr stolz darauf, mit ihm verwandt zu sein. Ich bat meine Eltern, mir baldmöglichst zu erlauben, nach Dorpat zu fahren, um ihn zu begrüßen. In Dorpat, wo er studierte, hatten wir einen berühmten Onkel, Professor an der Universität. Er war Leibarzt der russischen Kaiserinmutter gewesen. Im japanischen Krieg 1904 und auch 1914–18 spielte er eine wichtige Rolle im Sanitätswesen und im Roten Kreuz. Zu ihm durfte ich reisen und wurde nach einigen Stunden Bahnfahrt vom Vetter Axel abgeholt und zu diesem Onkel Werner gebracht. In der schönen Studentenstadt sollte ich nun auch herrliche Tage verleben. Der Onkel und seine Tochter verwöhnten mich zusammen mit dem chinesischen Diener, der noch einen Zopf trug und in einem grünen Seidengewand das schmackhafte Essen servierte.

Es war noch Semester, und wenn Onkel Werner von den Vorlesungen an der altehrwürdigen Universität heimkam, wurden Einladungen gegeben und erwidert, allerlei Ausflüge und kleine Tanzereien veranstaltet.

Auch durfte ich in der Praxis zugegen sein, wenn Onkel Werner Patienten empfing, die er nebenan behandelte. So sah ich auf seinem Schreibtisch die berühmten Geldröhrchen, meist Gold- und Silberrubel, aufgetürmt. Die reichen Patienten legten immer ein paar Münzen dazu, für die Armen nahm Onkel Werner von dem Türmchen ein paar ab und gab sie den Kranken für Kohle oder Fleisch oder was sonst nötig war zum Gesundwerden. Die einfachste Krankenkasse der Welt!

An meinem letzten Abend in Dorpat gab es noch ein Festchen in dem Studentenhaus. Wir tanzten sogar Krakowiak und Mazurka und amüsierten uns herrlich. Da ich meinen blauen Seidenschal beim Tanzen nicht tragen wollte, hatte ich ihn Vetter Axel zum Aufbewahren gegeben; er steckte ihn einfach in seine Smoking-Tasche. Er begleitete die liebe Cousine und mich heim und ging selbst in seine Burg; so nannte man dort die Studentenwohnungen.

Am nächsten Morgen, als der Chinese uns zum Frühstück heiße Kümmelkuckel und Kaffee servierte, kam Axel, um Abschied zu nehmen. Aber pfui! Wie sah er aus! Noch im Smoking, Ringe unter den Augen, das Haar zerwühlt. All meine Anbetung fiel von mir ab, zumal als er mir den Schal wiedergab und dieser Schal entsetzlich nach Rauch roch. Ja, alles sprach dafür, daß mein Held die Nacht durchzecht hatte, und sicher nicht in unserer guten, sauberen Welt.

So reiste ich ab, sehr enttäuscht und sehr traurig. Die Cousine aber schrieb mir, was sie dem schweigsamen Axel abgeluchst hatte. Axel hatte in jener Nacht auf dem Heimweg ein brennendes Haus passieren müssen. In Dorpat waren sehr viele Häuser aus Holz, und das brannte lichterloh. Alles schrie, ein Kind sei noch darin, ein Kind, ein Kind, wer rettet es; ja es war fast Wahnsinn, an Rettung zu denken. Vetter Axel dachte nicht lange nach, sprang ins Feuer, suchte und fand das Kind, kam naß von den Feuerspritzen und vollgesogen mit Rauchgeruch mit dem Kind wieder heraus, half noch ein wenig beim Retten der Habe und fand es dann eiligst Zeit, zu uns zum Abschiedsfrühstück zurechtzukommen. Ich habe den blauen Schal daher nie waschen wollen, er stank so herrlich nach Rauch.

Jahre vergingen; wir fuhren noch oft nach Addila; Vetter Axel heiratete Onkel Werners Tochter und hatte drei Kinder. Ein Sohn fiel im Zweiten Weltkrieg und alles, alles ging verloren: Adilla und das herrliche Dorpater Haus und die Heimat und natürlich auch das große russische Reich und der Deutsche Kaiser. Kurz: nichts war mehr, wie es gewesen war.

Aber Vetter Axel fand wieder etwas zu retten und wurde der oberste Berater und Leiter der Baltenflüchtlinge und opferte viel Kraft, um ihnen zu helfen; zuviel Kraft! Denn das Herz, das physische Herz hielt das nicht aus. Das unsterbliche Herz aber hat sicher oben im Himmel schon wieder eine schöne Aufgabe; vielleicht sehe ich ihn dort einmal wieder.

Russische Verwandte

Dascha

Ein Bild aus dem Leben unserer Urahnen zur Jahrhundertwende 1800 betrachtete ich als kleines Mädchen mit einer Gänsehaut und Rührung zugleich, denn zu dem Gemälde gehört auch eine schreckliche Geschichte.

Die Urahnin Agrippina war früh gestorben. Seinen furchtbaren Schmerz um seine Frau versuchte unser Urahn dadurch zu mildern, daß er sie malte, als wäre sie noch da, und sich selbst mit den zwei kleinen Waisen dazu, als hätten sie noch eine Mutter. Im Hintergrund des Gemäldes zeichnete er zart die Umrisse der Kirche, die er ihr zum Gedenken von seinen leibeigenen Leuten bauen ließ. In jener Kirche steht der Sarg, er ist aus schwerem Silber und hüllt die geliebte Gestalt für immer ein. (Noch jetzt nach über 160 Jahren steht dieser Sarg noch dort.)

Zur linken wird das Familienbild von einer Säule abgeschlossen, auf welcher eine Urne steht. In winziger Schrift sind auf dieser Säule die wichtigsten Lebensdaten der Verstorbenen geschrieben, mit der Lupe kann man sie entziffern.

Lange konnte der Urahn nicht ohne eine neue Mutter für die zwei Töchter bleiben. Sie hatten in Dascha eine fast gleichaltrige Leibeigene, die immer für sie da war. Herrlich zum Spielen und Erzählen, zu wenig für eine höhere Bildung. So heiratete der Witwer aufs neue eine adlige Dame. Sie wurde, wie im Märchen, eine böse Stiefmutter.

Dascha, die ihr Leben lang im Hause blieb, schilderte meiner Mutter, in der dritten Generation danach, das Leben mit dieser »Gnädigen«. Schon ihr »lever« war ungewöhnlich. Zwölf leibeigene Mädchen in weißen Leinenröcken und barfuß hockten flüsternd im Flur. Endlich ertönt das silberne Glöckchen, zaghaft treten sie ein, wie wird die Laune der Dame heute sein? Das erste Mädchen zieht die schweren Vorhänge auf, sie weiß schon, daß es regnet und daß das sofort die Stimmung beeinträchtigt. Doppelt vorsichtig sind nun alle. Denn beim geringsten Fehler gibt es »Stall«, das weiße Kleid wird einem genommen, man kommt in den von Mist und Jauche grundlosen, dreckigen Kuhstall, unter die Fuchtel des Oberknechtes. Schon die Kleine, die die Pantoffeln anzieht, hat zittrige Hände. Diejenige, die die Gnädige waschen muß, ist fast ohnmächtig vor Angst, denn trotz aller Sorgfalt verirrt sich doch leicht eine Tarakan (Küchenschabe) in die Löcher des Schwamms. Leichter hat es die mit der warmen, frischgebügelten Wäsche, sie ist ihrer Herrin immer und zu jeder Zeit angenehm, aber Dascha! Sie muß die langen, seidigen Haare kämmen, und einmal an einem Knötchen ziepen, kann gut und gern »Stall« bedeuten. Die Oberleibeigene Aksinja steht dabei und paßt auf und hält sich auf ihrem bevorzugten Posten durch Tyrannis und Angeberei. Aber auch sie kommt in den »Stall«. Die beiden Stieftöchter zittern mit den Dienerinnen, sie wollen sie vor Aksinja retten. So versteckt sich die jüngere Tochter im Flur und springt an Aksinja hoch, als diese von der Mutter herauskommt – klatsch! schlägt sie ihr ins Gesicht, hält sich dann selber laut weinend die Backe und sagt der herbeistürzenden Mutter, Aksinja habe sie geschlagen! Stall! Noch lange freuten sich die Töchter und mit ihnen die Leibeigenen dieses Streiches.

Von all diesen Ereignissen wußte meine Mutter durch Dascha. Diese war damals selbst noch ein halbes Kind, wuchs aber als Leibeigene und Gefährtin der Töchter heran und wurde später Amme für die ältere Tochter, meine Großmutter.

Die Stiefmutter hatte ihren Neffen Ewreynow, der später hoch in der Hofbeamten-Hierarchie aufsteigen sollte, als Schwiegersohn erkoren. Die älteste Tochter aber hatte sich in den englischen Ingenieur Trewheller verliebt und wollte von dem Freier, den die Stiefmutter ausgesucht hatte, nichts wissen. Diese rief Dascha und sagte ihr, wenn ihr Fräulein nicht folgen würde, müßte sie, Dascha, den sehr alten Schreiner, der schon fast keine Finger mehr hatte, heiraten. Umsonst warf sich die Älteste der Mutter zu Füßen und bat, ihre Dascha nicht unglücklich zu machen, umsonst flehte Dascha um Gnade für ihr geliebtes Fräulein, das ohne zu wanken an seiner heimlichen Liebe zum Engländer festhielt. Selbstverständlich gab Dascha ihr Leben für ihr Fräulein hin. Sie empfand ihr eigenes Leben als nicht so wichtig, und so wurde ihr Zopf gelöst und sie mit dem Tischler getraut. Das Fräulein, die älteste Tochter, konnte nun ihren Engländer heiraten. Sie erbte später das väterliche Gut Petrowo, und ihr John brachte schöne Häuser und Grundstücke, die ihm der Zar geschenkt hatte, mit in die Ehe. Dascha bekam von dem Greis noch neun Kinder, die alle starben, weil sie in ihrem Dienst ihre Kleinen nicht versorgen konnte. Beim Jüngsten aber ward ihrem geliebten Fräulein, jetzt Mrs. Trewheller, eine Tochter geboren, die sie nicht selbst stillen konnte, so wurde Dascha die Amme und ihr Milchkind meine spätere Großmutter.

Meine Babuschka hat ihre Milchmutter heiß geliebt und hoch geehrt. Sie war schon eine junge Frau, als die Leibeigenschaft 1861 aufgehoben wurde, aber Dascha blieb unverändert in ihrem Hause, überwachte die Hausmädchen, sorgte für die Kinder und machte alle Reisen meiner Großmutter mit. So gibt es ein Foto aus Bad Kreuznach, wo in einem Boot die Großmutter mit zwei Töchtern – eine davon meine Mutter – sitzt und am Steuerruder des Bootes Dascha in schwarzem Spitzenumhang und Kapotthütchen. Im Hintergrund der Rheingrafenstein.

Von Dascha sind mir noch herrliche Stickereien geblieben, die sie mit den Mägden bei Kienspanbeleuchtung und ohne Brille anfertigte, um »ihr« Fräulein, ihre Herrin, damit zu schmücken. Die Stoffe waren spinnwebfein aus Nesseln gewebt, die sie selbst pflückte und zu Garn spann, dünner als Frauenhaar. Daraus webte sie das »Nessel«leinen, das sie dann bestickte. Brüsseler Spitzen sind nicht feiner. Auf Reisen besorgte Dascha die Post und die Menüs, würdig, ernst, völlig die Dame und dennoch Analphabetin. Sie muß etwa 1905, uralt, gestorben sein.

Wann die Stiefmutter starb, wissen wir nicht genau, ihre Vorgängerin Agrippina im silbernen Sarg hat von 1789 bis 1821 gelebt und steht deutlich im Stammbaum, während die Stiefmutter kaum erwähnt ist. Sie kam und ging und hinterließ nur im Gedächtnis der alten Dascha deutliche Spuren.

Großtante Olgas Geschichte

Sie hatte so kleine Hände, daß sie eine Oktave nicht greifen konnte. Dennoch spielte sie vollendet Klavier und konnte dabei, sich liebenswürdig umdrehend, noch eine ganze Gesellschaft unterhalten. Aber es gab ein Ungemach in ihrem Leben – sie war schon achtzehn Jahre alt und hatte noch immer keinen Mann! Sie hatte ganz bestimmte Vorstellungen von ihrem Künftigen: schön, jung, ein guter Tänzer, sehr gebildet und sprachbegabt, wie sie selbst erzogen worden war, kurz, eben ein Mann aus der Gesellschaft.

An einem Abend saß sie in der Opern-Loge ihrer Eltern. Vis-à-vis konnte jemand nicht aufhören, sie mit dem Opernglas zu fixieren. Eigentlich war sie an Bewunderung gewöhnt, aber sich so anstarren zu lassen, war ungehörig. In der Pause klärte es sich dann auf. Es war ein ältlicher, dicker Herr, der einen bekannten Offizier gefunden hatte, um sich der jungen Dame vorstellen zu lassen. Er war aus seiner Heimat Sibirien, wo er große Goldminen hatte, in die Hauptstadt gekommen, um Geschäftliches zu erledigen. Weil diese Minen nur im Winter erreichbar waren, wenn der Frost eine natürliche Brücke über die Sümpfe baute, die das Minengebiet umgaben, mußte er sich mit der Abreise beeilen. Eile, Goldminen, ganz, ganz etwas anderes und neues und ein Freier, der in nichts, aber auch gar nichts den Jungmädchenträumen glich – Olga griff zu, als der vierzig Jahre ältere Herr sie um ihre Hand bat. In wenigen Tagen saß sie in

Zobel und Bärenpelze gehüllt und durchraste mit wechselnden Troikas die 6000 Kilometer in ihre neue Heimat. Hinterher, nur langsamer, fuhr die Karawane von Schlitten mit dem Flügel, den zarten Petroleumlampen, den Seidenmöbeln und Gardinen, die Peter Lawrowsky für seine junge Frau in aller Eile besorgt hatte.

Zunächst war alles neu. Die groben, gutmütigen Schachtmeister und Gehilfen, das schöne neue Haus, das in zauberhafter Geschwindigkeit für Olga gebaut wurde, die graue Schlange der Arbeiter, die murmelnd jeden Morgen und jeden Abend am Fenster vorbeizog, und die großen Schlittenhunde. Nur die Mägde ähnelten denen in der Heimat, denn auch dort stammten sie vom Lande, wenn ihr Vater von seinem Gut Dienerinnen in die Stadt beorderte, die eifrig, leise und immer barfuß ihre Herrinnen umsorgten. Und dann erwartete sie ein Kindchen. Sie hätte nie gedacht, daß ihr »alter Herr« so außer sich geraten könne vor Freude. Als dann ein kleines Mädchen geboren wurde, konnte er sich nicht lassen vor Glück. Es war ja wieder Frost, und er konnte mit Frau und Kind und großem Train von Bedienung in die Städte reisen, nach Omsk, Tomsk oder der sibirischen Zentrale Irkutsk, wo der Gouverneur große Bälle gab und die Offiziere sich um die schöne Tänzerin rissen. Dann aber folgte ein zweiter Sommer, den ersten hatte sie kaum als Last empfunden, wo es ihr klar wurde, daß die Mine zwar golden, aber ein Gefängnis sei; kein Weg führte über die Sümpfe, außer für pfadkundige Läufer, die Lawrowsky benutzte, um mit der Welt in Verbindung zu bleiben. Nun, sie erwartete wieder ein Baby, las viel, konnte aber mit niemandem über die Lektüre sprechen, spielte Beethoven und Chopin, die hier niemand hören konnte. Außer dem Arzt gab es keinen gebildeten Menschen, und der war ein Trinker, wie es so viele dort in der Wildnis wurden. Die kleine Tochter Olga erkrankte und starb.

Aber dann wurde das erwartete zweite Kind geboren, Sergej, ein Sohn! »Dieses Mal darfst Du Dir wünschen, was immer Du Dir ausdenken kannst«, jubelte Peter Lawrowsky. Ausdenken! das war nicht nötig, sie wußte längst, wohin es sie zog. Der Kurier brachte ja ab und zu viele Pakete von Zeitungen, auch war in den Briefen aus der Heimat viel zu hören von diesem sagenhaften München, seinem König, seiner Kunst, seiner Musik. Dorthin wollte sie gehen, nur dorthin, wenn schon ein Wunsch wahr werden soll. Und als der kleine Sergej kräftig genug war, machte sich das Ehepaar auf die monatelange Reise, die durch neuerliche Schwangerschaft besonders beschwerlich war. In München angekommen, besorgte Lawrowsky seiner Frau ein schönes, elegantes Heim, Kinderfräulein und Zofe, schwarze russische Traber für ihren Landauer, Livrée für Kutscher und Diener und ein Bankkonto, in welches alljährlich sechzigtausend Goldrubel flossen. Schweren Herzens mußte er wieder zurückreisen in die Einsamkeit und Arbeit.

Olga stürzte sich ins gesellschaftliche Leben. Ihr Salon wurde bald von der großen Gesellschaft gesucht und besucht. Auch Künstler gingen aus und ein. Olgas Anmut, Eleganz (Kleidung nur von Worth, Paris), ihr gepflegtes Haus und der Luxus, der sie umgab, ließen die Quelle all dieser Pracht da hinten in Sibirien fast vergessen. Lawrowsky bestand auf Olgas Besuchen, aber diese wurden seltener und seltener. Noch eine Tochter Nena wurde geboren. Alle Kinder erhielten die teuerste Erziehung und Ausbildung. Die besten Professoren für Malerei, Musik und Sprachen wurden engagiert. Jahre und Jahre vergingen. Peter Lawrowsky, nun schon ein Greis, rief vergeblich nach seiner Familie. Die Tochter Nena heiratete ganz jung einen bayerischen Gardeoffizier, Julius Ritter von Schmaedel, mit Wespentaille, lustig, elegant und erpicht auf die rollenden Rubel, immer lachend, immer charmant.

Dann brach die Katastrophe herein. Lawrowsky schrieb seiner Frau, die er bisher mit Anbetung verwöhnt hatte, einen Drohbrief: »Wenn Du nicht kommst, enterbe ich Dich!« Mein Großvater, Olgas Bruder, versuchte immer wieder zwischen den Beiden zu vermitteln; auch räumlich war er in St. Petersburg quasi in der Mitte zwischen Sibirien und Bayern. Es kam aber etwas ganz Unerwartetes. Olga telegrafierte ihrem Bruder, sie käme dann und dann in der Hauptstadt an. Weiter stand auf dem Telegramm: »Oh Verlust ohne gleichen! Oh Schmerz ohne Trost! Er – Wagner ist tot.« Als sie bei ihrem Bruder ankam, hatte sie die Handtasche voller Rosenblätter von Wagners Grab. In ihren Augen konnte es nichts Schrecklicheres geben als den Tod dieses Künstlers! Daß ihr einsamer Mann inzwischen verschieden war, nahm sie wie im Nebel zur Kenntnis. Auch, daß er seine Drohung wahr gemacht hatte und seiner Haushälterin das Riesenvermögen vermacht hatte. Den Kindern Ljuba und Sergej vererbte er die Goldminen, der Nena nichts. Olga hatte von den über eine Million Goldrubeln in all den Jahren keine Kopeke gespart. Mein Großvater, der seine Schwester sehr, sehr liebte, nahm sie bei sich auf. Er verschaffte ihr auch weiterhin die elegante Kleidung, Musik, die Geselligkeit; sie war ahnungslos, was für Kosten sie verursachte. Ganz plötzlich wechselte sie ihre Lebensbühne und wurde fromm. Sie wäre aber nicht Olga gewesen, die immer alles ganz und gar machte, wenn ihre Legate für Klöster und ihre Kirchenopfer billiger gewesen wären als vorher der Luxus, aber immerhin ging alles an einen guten Zweck. Einmal erlebte die so volksferne Frau einen Schock. Ein berühmter Bischof von auswärts war angesagt, und Olga ging im Schutz eines alten Mönches schon sehr früh in die Kathedrale, um die erste zu sein, die für dieses Fest vorgesehene Ikone zu küssen. Es waren aber andere noch früher da, und so sah die empfindsame Frau kein anderes Mittel, als mit ihrem Handschuh ein winziges Plätzchen für ihren Mund abzuwischen. Schon stürzten sich die Menschen über sie und schrien: »Mit der Hundehaut hat sie das Heiligtum berührt, schlagt sie, zerreißt sie!« Mit Mühe konnte der Mönch sie beschützen und hinausführen.

Gesetze, feste Richtlinien, soziales Verständnis, lauter Fremdworte für Olga, und dennoch blieb sie bis zu ihrem Tode unwiderstehlich in ihrem Charme, ihren kleinen zarten Händen und ihrer echt russischen Abneigung gegen Heuchelei und Perfektionismus.

Mir bleibt noch zu berichten, was aus Olgas Kindern wurde. Ljuba und Sergej fuhren nach Sibirien. Sergej versuchte ein paar Jahre vergeblich, die Mine zu bearbeiten. Ohne Kapital, das die Haushälterin nun besaß, und ohne die billigen Leibeigenen (nach der Bauernbefreiung durch Alexander II.) war es unmöglich. Der junge Mann ging einfach sang- und klanglos in der sumpfigen Einsamkeit unter und starb. Erst heutzutage wird jene Gegend durch riesige staatliche Mittel mit Zuwegen auf Schienen und Straßen versehen, und die Minen sind wieder fündig. Ljuba hielt es einige Monate bis zum nächsten Frost dort aus. Viel energischer als ihr Bruder, versuchte sie zuerst mit den noch vorhandenen Leuten einen Neubeginn. Aber sie sah ein, daß das eine Utopie sei, als verwöhnte Münchnerin, als eine Dame mit zehn Hutschachteln und in Pariser Kostümen mit passenden Maßschühchen im Morast wüste, trinkende, grobe Männer zu dirigieren. Sie versuchte, ihren Minenanteil zu verkaufen. Aber in ganz Rußland wäre niemand darauf eingegangen, ohne Geld und Leibeigene eine Goldgrube zu übernehmen. Ljuba schenkte die Mine ihrer Schwester Nena, die den lustigen Julius geheiratet hatte. Julius war einfach entzückt. Er hatte ja gesehen, wie jahrelang märchenhafte Summen in dieser Familie verbraucht worden waren, nun käme er an die Quelle, er würde selbst zum Goldesel! Stürmisch ging er nun los, alle Freunde, Regimentskameraden, die vielen gutwilligen Standesgenossen in und um München zu bewegen, ihr Geld in seiner Goldmine anzulegen. Mit Nena und den Kindern kam er nach Sibirien, bis dahin, wohin nun schon eine Eisenbahn ging. Dort ließ er die Familie und fuhr im Schlitten in sein Paradies. Hatte der militärische Drill und die gesellschaftliche Form ihn in München zusammengehalten; wie so viele Westler, wenn sie in dieses endlose Land kommen, wurde auch er bodenlos; das Geld zu vermehren, fing er an zu spielen, die Spielverluste zu vergessen – zu trinken, er wurde ein haltloser Mensch und endlich ein Gauner. Sein Onkel sah ihn einmal in einem St. Petersburger Café sitzen, ging freudig auf ihn zu und erlebte mit Erstaunen, wie der schöne Julius über Hintereingänge und Treppen entfloh. Jahre danach war ein Verwandter in Berlin in einem Hotel abgestiegen, wo viele aus dem Osten Quartier nahmen. Der Hoteldirektor bester alter Schule ging zu dem Verwandten und sagte: »Sie haben den gleichen Akzent wie eine Dame, die ich schon lange beherberge, erst in einer Suite, dann in einem billigen Zimmer, jetzt nach einigen Jahren mußte ich sie in die Personaletage verlegen, sie ist krank und völlig mittellos.« Es erwies sich, daß das Nena war! Der Verwandte brachte sie zu ihrem Onkel nach St. Petersburg, sie wurde geliebt und gepflegt, eine arme Verlorene, die ihre Heimat München im Herzen trug und zurückkehrte in die Wiege ihrer Sippe, um dort als eine Fremde zu sterben.

Ljuba kam aus Sibirien zurück, völlig verwandelt. Alle Eleganz, alle in München erworbenen Bedürfnisse und Gewohnheiten waren wie weggeweht. Sie wollte nun arbeiten, aber was. In der Eremitage kopierte sie die Velazquez, die van Dyks. Und dann fand sie zufällig eine Lebensaufgabe. Fern in Bessarabien auf einem großen Gut der Bjelskys suchte man eine Erzieherin, und hier vollzog sich die Wandlung von einer eleganten Westeuropäerin zur Urnatur eines

Tolstoianhängers. Sie heiratete den ältesten Sohn Bjelsky und gab allen Kontakt mit den Ihrigen auf. Viele Jahre danach begegnete eine ihrer Cousinen in Wien einer sonderbaren Gruppe, voran die Mutter Ljuba im Lodenmantel und hintendrein sechs Kinder in den unmöglichsten bäurisch geschnittenen Kleidern und Mänteln. Das Wiedersehen war frostig. Sie besuchte gerade mit den Kindern, wie schon alle Jahre, zur Kontrolle die teuersten Wiener Ärzte, Mittel waren genug da. Aber Tolstoi hatte es vorgelebt, sie, das Prinzeßchen aus München, war wieder zu Erde geworden, zu schlichter russischer Erde.

Pièrre und die Silberhochzeit

1889 hatten meine Großeltern in St. Petersburg Silberhochzeit. Mein Großvater kam aus einem der 81 Bojaren-
geschlechter, die einstmals unter sich den ersten Zaren
(Michael) erwählt hatten. Er besaß ein großes und wegen der Bauernbefreiung 1861 wie alle Großgrundbetriebe
unrentabel gewordenes Gut im Innern des Landes und
war als Beamter ganz und gar Großstädter geworden. Er
war Chef der internationalen Verkehrswege im ganzen
Reich, und sein Haus bildete ein Zentrum für Musik und
Kunst. Er war mit Liszt und mit Arthur Rubinstein be-
freundet, spielte selbst hervorragend Klavier, und eins der
schönen Lieder von Franz Liszt stammt von ihm, Liszt
hatte ihn gebeten – »überlaß dieses Lied mir«. Berühmte
Maler wie Liphard und Wereschtschagin malten ihn und
die Kinder.

Seine hochgebildete Frau Anna war väterlicherseits Engländerin, mütterlicherseits aber aus altem russischem Land-
adel. Zur Hochzeit schenkte er ihr eine Brosche, eine goldene runde Scheibe, in deren Mitte aus Brillanten eine römi-
sche Fünf gebildet war. Ringsherum befanden sich eine Perle und fünf Steine in folgender Anordnung: Perle, Iris, Emeraud (Smaragd), Rubis (Rubin), Rubis, Emeraud. Französisch gelesen bilden die ersten Buchstaben den Namen
»Pièrre« (Peter) und V, weil nach fünf Jahren geduldigen
Wartens sie sich endlich heiraten durften.

Pièrre oder Peter, so fing die Geschichte an, fuhr 1860 zu seinem Studienfreund Volo I. auf dessen heimatliches Landgut. Er betrat das Schloß von der Gartenseite und fand nur Stille und Leere, einen schlafenden Jagdhund und tikkende englische Uhren, die Sonne, Mond und Sterne anzeigten, nicht aber wo er seine Gastfreunde treffen könne. Plötzlich stand er einem jungen Mädchen gegenüber, sah eine rosa Krinoline, ein erschrockenes Gesichtchen umrahmt von schwarzen Zöpfen, und sofort auch sehr flinke Füße, die vor ihm so hurtig davonliefen, daß er kaum folgen konnte. Atemlos kamen sie im Park an, wo unter den Bäumen der Samowar dampfte und die ganze Gesellschaft, Familie, Gäste und Dienerschaft, erstaunt der ungewöhnlichen Jagd zusah. Natürlich wurde die flüchtige Tochter gelobt – man spricht nicht mit einem Herrn, der einem nicht vorgestellt ist, und natürlich wurde nun die Vorstellung vollzogen. Hier der junge Träger eines großen Namens, grad fertig mit dem Studium und gewiß nicht reich. Dort die alte Landadelfamilie in ihrem Pomp. Und zwei Herzen, die sich »auf den ersten Blick« angehörten, aber nicht durften, denn sie war erst sechzehn Jahre alt, und er war noch nichts.

Nach fünf Jahren des Wartens hatten mein Großvater Pièrre und meine Großmutter Anna heiraten dürfen. Sie zogen in eine der Villen, die der englische Vater in Peterhof gebaut hatte.

Zar Nikolaus I. schenkte dem Engländer einmal ein großes Grundstück, das dieser geschickte Ingenieur für einen See mit zwei Inseln inmitten ausbaggern ließ. Auf den Inseln errichtete er Schweizer Häuschen. Dem Zaren gefiel die Anlage so sehr, daß er sein Geschenk zurückerbat und auch erhielt. Aber das eine Seeufer mit den sechs Villen und den aus Italien importierten Lindenbäumen durfte unsere Familie, als einzige Anlieger außer dem Zaren, behalten. Das war ein großes Privileg, und auch ich habe als Kind noch die schneeweißen »Villen« mit ihren Türmchen und Zinnen unter den alten Bäumen besuchen dürfen. Sicher stehen sie noch heute, ebenso wie das »Nikolski Domik« im Englischen Garten in Zarskoje selo, das mein englischer Urgroßvater binnen weniger Tage auf seinem Hof zimmern ließ, da sich die Zarin ein solches wünschte. Es gab wenige Wege zum Spazierenfahren, und der Zar wollte ihr eine Abwechslung gern gewähren. Er selbst stellte sich mit der hohen Bärenmütze auf dem Kopf ins Schilderhäuschen und freute sich über ihre Überraschung.

Die Großeltern hatten vier Söhne und drei Töchter, eine vierte war als kleines Kind an einem Sturz gestorben. Die Familie war gediegen, fern der Politik, abhold des höfischen Treibens. Doch zurück zur Silberhochzeit.

Die vier Söhne berieten sich mit dem Hauslehrer, der noch immer mit ihnen wohnte, obwohl sie fast der Schule entwachsen waren, und ließen aus Deutschland ein Aggregat für elektrisches Licht kommen, das sie kunstvoll in der Wohnung installierten. Sie drapierten sogar den vom Großvater geschenkten venezianischen Spiegel zwischen allen Glasblüten und -blättern mit kleinen Lampenbirnen. Es wurden 300 Gäste geladen, es gab ein Diner mit herrlicher Musik und danach ein »grand bal« mit schönen Tänzen wie Mazurka, Pas de quatres, Tourenwalzer, Cotillon, Krakowiak.

Den Höhepunkt der Feierlichkeiten aber bildete das »lebende Bild«. Über fünfzig Damen und Herren aus Familie und Freundeskreis stellten das Hintergrundgemälde der Sixtinischen Kapelle in Rom dar. Es wurde ein großes Theater gemietet, 5000 Gäste geladen, und nun bewunderte man eine halbe Stunde lang in atemloser Anteilnahme dieses getreu nachgebildete Kolossalwerk Michelangelos, das Jüngste Gericht.

Als Kind hatte ich aus Erzählungen den Eindruck gewonnen, daß mein Großvater, der unter den Darstellern war, bei den »Auserwählten« gehangen habe, es kann aber auch sein, daß er einen »Verdammten« darstellte. Ich sage »gehangen«, weil alle Mitspieler ja irgendwie an das 13 x 13 m große »Gemälde« befestigt sein mußten, oft an winzigen Stützen. Da sind bei den »Erlösten« keine ätherischen engelhaften Gestalten, sondern muskulöse, aufwärts strebende Leiber, eben dem Grabe entstiegen. Erst recht bei den »Verdammten«, die in den sonderbarsten Verrenkungen miteinander in die Tiefe stürzen, wo unten das Boot des Charon wartet. Die Kostüme waren Trikots und den Originalfarben entsprechende Grabtücher, die die Gestalten teils verhüllten, teils enthüllten. In der Mitte der richtende Christus, antik mit einem Lendentuch bekleidet, und hinter sich die lieblich ernste Maria.

Beleuchtet wurde das Ganze durch das schon am Vortage benutzten Aggregat mit vielen kleinen Lampenbirnen, die ein eher diffuses Licht verbreiteten, dem Dämmerlicht der Sixtinischen Kapelle angepaßt. Nach einer halben Stunde gingen die tief ergriffenen Gäste leise auseinander, einem wohltätigen Zweck einen Obolus hinterlassend.

Es ist schwer wiederzugeben, wie meine Mutter, die als vierzehnjähriges Mädchen ja auch dabei und am lebenden Bild beteiligt war, die Feier schilderte. Welche Ehrfurcht, welche Andacht beherrschte dieses sicherlich nur im alten, untergegangenen Rußland mögliche Fest!

Als besondere Pointe sei noch erzählt, daß während des häuslichen Balles die drei Schwestern zitterten, weil sie wußten, daß ihre vier Brüder die verbotenen Schriften von Dostojewskij, Alexander Herzen u. a. in ihren Schränken versteckt hatten, und gerade diese Zimmer der Söhne als Garderobe für die Herren benutzt wurden, unter ihnen hohe Polizeioffiziere.

Untergründig fingen die Freiheitsgedanken an sich zu rühren, und eine eigene große Welt begann ihren Niedergang.

Großonkel Volo

Der Marine-Junker Volo Trewheller kannte sehr wohl die
Vorschrift, daß der Salon I. Klasse des Nevadampfers von
keiner unteren Charge betreten werden durfte, wenn zufällig
der Admiral an Bord war und in diesem Salon sich aufhielt.
Die kleine Reise von St. Petersburg nach dem Hafen Kronstadt währte nur einige Stunden, da hätte man an Deck
schon manch anderen windstillen Ort finden können. Aber
Volo Trewheller war ein sehr reicher, sehr verwöhnter Junge, und er trug einen englischen Namen, der großen Klang
in Rußland hatte.

Etwa 1795 war sein Großvater John Trewheller vom Zaren Paul aus England nach Tula berufen worden zur Leitung der berühmten kaiserlichen Gewehrfabrik, und auch
der Vater Trewheller, William, war dort geboren (1799),
aber nicht geblieben, weil seine Brüder die Fabrikleitung
übernahmen. Er hatte in eine alte russische Adelsfamilie
geheiratet, und bei ihnen, auf dem herrlichen Landgut Petrowo, war Wladimir, genannt Volo, geboren und erzogen worden. Volo sah kaum einen Unterschied zwischen dem Admiral im Salon und sich selbst. Die Uniform glänzte schneeweiß,
er war über 1,90 m groß, er beherrschte vier Sprachen und
hatte Naturwissenschaft studiert. »Was soll's«, sagte er, ging
in den Salon, salutierte und setzte sich an ein Fenster, um dort
das begonnene Kapitel im Darwin weiter zu lesen. Es war
jene Zeit, wo in vielen jungen Adelsköpfen kritische Fragen

auftauchten; gerade der Adel war es ja, der die Triebfeder zum Dekabristenaufstand 1825 gewesen war. Man las Dostojewskij, Bakunin, man las die in England erscheinenden Zeitschriften über soziale Reformideen für das unter autoritärem Druck sich kaum entfalten könnende und doch so urlebendige Rußland. Ja, Volo korrespondierte sogar mit Alexander Herzen und besaß alle seine Schriften.

Der Admiral erhob sich und nahm an Volos Tisch Platz – was er denn da lese? Und er bekam eine sehr naturalistische Schilderung der Darwinschen Lehre, sehr selbstbewußt vorgetragen, aber unmöglich dem höchsten Vorgesetzten gegenüber. Als das Schiff in Kronstadt hielt, bedurfte es nur eines Winkes, und schon mußte Volo, anstatt in die Marineschule zu gehen, in die Festung. Festung, nicht Gefängnis, weil er ein Edelmann war. Aber dennoch, welcher Sturz!

Inzwischen recherchierte die Polizei in seiner Wohnung und in den Wohnungen einiger Kameraden. Man fand die Korrespondenz der jungen »Systemkritiker« und die Bücher. Volo aber fand es langweilig in der feuchten Kasematte.

Er erinnerte sich mit Schmerz an sein Zuhause, das Gut Petrowo. Sein englischer Vater hatte den großen Besitz dort wie verzaubert. Für seine geliebte Frau hatte er ein Schloß gebaut, eine Sternwarte, einen Wintergarten mit Palmen und exotischen Vögeln. Er hielt einen gelehrten Professor, der mit seinem Sohn naturwissenschaftliche Studien trieb, und einen Arzt, der das gutseigene Zehn-Betten-Krankenhaus für die Leibeigenen versorgte. Es gab dort für das Schloß ein großes Schwimmbassin, das von den Gutsleuten in einer Eimerkette von Hand gefüllt werden mußte, was ihnen zu Volos Erstaunen großen Spaß machte. Ja, sie hingen sehr an Vater William, und er, Volo, hatte zumindest im eigenen Zuhause keinen Anlaß zu all seinen revolutionären Ideen. Nun war es zu spät, er saß!

Aber er konnte doch ein wenig Glanz in dieses Loch bringen, er schickte nach Petrowo und ließ ein paar Palmen, Bilder und Teppiche kommen, nur Bücher waren ihm verboten, aber nicht der kleine Komfort. Fast wäre es eine interessante Episode geworden. Aber als er und seine Kameraden sich vor dem Hohen Gericht trafen, sah alles bitterernst aus. Volo und sein Freund wurden zum Tode verurteilt, die übrigen Kameraden zu Sibirien.

In der Familie erstarrte alles; was tun, was um Himmels willen tun? In solchen Lagen sind Mütter erfinderisch. Volos kühle und sehr stolze Mutter ging zu Ewreynow, der sehr um sie geworben hatte, aber vor dem englischen Freier zurückstehen mußte. Das war 28 Jahre her, und sie hatten sich nicht mehr gesehen. Jetzt stand sie vor ihm, »ich hatte Dich verschmäht, verzeih es mir und rette meinen Sohn.« Ewreynow war Ehrenvormund beim Zaren Alexander II. und stand seinem Kaiser auch persönlich nahe. Er vollbrachte das Wunder, daß Volo statt *sterben* zu müssen nur nach Sibirien verbannt wurde. Und das Schicksal war günstig, Alexander II. führte 1861 die schon so lang geplante Bauernbefreiung durch. Im Verlauf dieser Ereignisse wurde eine große Amnestie erlassen, und Volo war frei.

Die Herrlichkeit der großen Agrarier und die von Petrowo aber war dahin; die befreiten Bauern kamen nicht zur Arbeit, sie bewirtschafteten ihr kleines Land. Die Gutsbesitzer strömten in die Städte. Der Wohlstand war dahin, der Hochmut war geblieben. »Nur Deutsche und Juden gehen an eine Bank oder Versicherungsgesellschaft, ein Edelmann nie.« So wurden viele, viele Posten und Pöstchen im Staatsdienst erfunden, um die Gutsbesitzer beruflich unterzubringen. Wie gut gemeint hatte Alexander II. die Bauernbefreiung, und wie unvollkommen war sie ausgeführt worden!

Volos Vater starb am Herzschlag. Volo verkaufte Petrowo, verkaufte die Heimat seiner Mutter und seiner zwei

Schwestern, er verkaufte eine Tradition, ein gewachsenes Leben. Was er nie über sich gebracht hätte, der neue Besitzer tat es, er holzte die Tausende von Hektar herrlichen Waldes ab und wurde reich. Volo, der Zwitter zwischen Grandseigneur und Volksfreund tat in seiner Verbitterung alles, um die Seinen zu schockieren. Er heiratete die ehemalige Wirtschafterin von Petrowo, eine Finnin, packte seine Kisten mit den provokativen Aufschriften »Darwinismus«, »Renan und sein Geist«, »Herzen und die Glocke« und fuhr erster Klasse mit Frau und Baby in die »einzig menschenwürdige« Schweiz.

Wie tief muß ihn die dort versammelte gebildete Elite der emigrierten russischen Revolutionäre enttäuscht haben! Sie planten und planten und beherrschten in ihren radikalen Träumen schon das ganze riesige Zarenreich. Und taten nichts und lebten unter anderem auch vom Erlös von Petrowo mit, denn auch das Vermögen, der Schmuck, Silber und die gesamten Werte, die seine in ihrer Liebe blinde Mutter zu Geld machte und ihm schickte, gingen drauf. Der beste Schneider war ihm immer noch unentbehrlich, die berauschenden Visionen eines demokratischen, freien Rußland waren seiner Seele Nahrung. Noch drei Kinder gebar ihm die treue, aber gänzlich verständnislose Finnin. Dann war der letzte Rubel verzehrt, und Volo kehrte nach St. Petersburg zurück, seine Bibliothek um Marx, Lassalle und Proudhon bereichert.

Jedoch, er war noch nicht am Ende. Nikolai I. hatte einst seinem Vater William am Neu-Peterhofer See ein großes Stück Land geschenkt, so wurde William alleiniger Uferbesitzer neben der Zarenfamilie. Er hatte sechs traumhaft schöne Villen darauf gebaut und jedem der drei Kinder zwei dieser Häuser vermacht. Die eine der Schwestern hatte ein Jugendfreund von Volo geheiratet, mein Großvater, der Bojar Peter Tscheremissinow, der eine hohe Staatsstelle im

Verkehrswesen bekleidete und immer helfend überall gefällig war. Er nahm auch außer der eigenen die nun verarmte Schwiegermutter Trewheller, Volos Mutter, zu sich. Großzügig ließ er sie ihren eigenen Haushalt mit ihrer eigenen Dienerin in seinem Hause führen.

Volo erschien wie ein Vulkan, kritisierte jede alte Sitte, jede Tradition, erschreckte die alte, durch ihn verarmte Mutter mit einem Gemisch von aristokratischer Exklusivität und den extremsten sozialistischen und kommunistischen Theorien. »Kauf mir meine zwei Peterhofer Villen ab, Du Bourgois«, sagte er zu seinem Schwager. Und in der Hoffnung, er würde im Besitz von Geld auch in den Besitz von Vernunft kommen, baten auch seine Mutter und Schwester mit ihm. Und mein Großvater kaufte die Villen, die durch den Wandel der Zeit heute der russischen Regierung gehören, und sagte in seiner stillen Art, ein wenig lächelnd: »Volo, wenn ich diese bourgoise Ader nicht hätte, wie wärst Du aus den Schwierigkeiten herausgekommen. Etwas Gutes muß doch Pflicht, Familie und Kapital haben.«

Volo fand Verwandte seiner selbstlosen, opferbereiten Frau, bei denen er sie mit ihren vier Kindern unterbrachte. Dort sind sie wohl auch im Laufe der Kriege und Revolutionen untergegangen. Oder doch nicht? Eine uralte Dame tauchte in Kanada auf, 1956!, als geborene Trewheller aus Rußland, Witwe eines Balten, in einer Villa wohnend, die den Peterhofer Villen durchaus ein wenig ähnlich war.

Volo zog später mit einer Frau zusammen, die er in die Krim mitnahm, sie aber dann doch zu »ungebildet« fand und an einen Gesinnungsfreund verheiratete, um bei ihnen weiterhin zu wohnen. Sein Vermögen aus den Villen hatte er auf den Namen dieser Frau angelegt. Kein Wunder, daß sie und ihr Mann den alternden Volo rausschmissen.

Er kam wieder nach St. Petersburg. Sein Schwager, mein Großvater konnte ihm nur eine Anstellung in einer Bank verschaffen. Dann verlor die Familie ihn aus den Augen. 1904/1905 kam es nach dem japanischen Krieg zur Revolution, und ein Jahr darauf erschien er, nun als Onkel Volo, in Seewald, meinem baltischen Elternhause. Meine Mutter war seine Nichte, und er kam, um von seinen Heldentaten zu erzählen. Im Tagebuch meiner Mutter fand ich folgende Eintragung: »Er hatte eine Art Apotheose seines Lebens erlebt, hatte die Revolution, im Kaukasus lebend, mitgemacht, »aktiv«, wie er meinte, mit dem Regenschirm den Takt dazu schlagend. Von Tribünen hatte er zündende Reden gehalten und darauf mit anderen »Führern« im Gefängnis gesessen... Ich sehe noch den fragenden, erstaunten Blick meines Mannes, als der alte Herr unsere Veranda betrat: ein undefinierbarer heller Anzug, eine phantastische Einrichtung statt eines Hemdkragens, hohe breite Schultern, ein energischer Ausdruck im bärtigen Gesicht, kein Hut, ein ärmelloser Regenumhang über dem Arm und natürlich der bewußte Taktschläger Regenschirm. Er begann sofort mit Belehrungen, eindringlich und lebhaft, über Lektüre, Erziehung, Lebensauffassung, wobei er meinen Mann mit dem Finger in die Brust stieß. Mein Mann hat den Besuch amüsiert genossen.«

Ach, aber niemand sonst konnte diesen theatralischen, zerstückelten, dabei so hoch gebildeten, belesenen, sprachkundigen, aber im Tiefsten unwahren Menschen genießen. Wann und wie Onkel Volo gestorben ist, weiß ich nicht. Wie alte Porträts unserer russischen Verwandten betrachteten wir als Kinder diese Leute als nicht zu uns gehörig, liebenswert und fremd, vertraut und unbekannt zugleich.

Reiseerlebnis

Großvater, Chef der Internationalen Verkehrswege, reiste häufig im Sonderzug durch Rußland, teils zu Inspektionszwecken, teils um Delegierten aus anderen Ländern oder interessierten höheren Beamten die neue Errungenschaft »Eisenbahn« zu zeigen, deren Netz sich, obwohl erst vor fünfzehn Jahren mit dem Bau begonnen worden war, über das Riesenreich auszubreiten begann. Meine Mutter schilderte uns Kindern solch eine Reise. Sie und ihre Schwester, fünfzehn und vierzehn Jahre alt, durften einmal mitfahren. Das ist etwa 90 Jahre her. Ein ungewöhnliches Geschehen im streng geordneten Leben der beiden Schwestern, die noch nicht in der Gesellschaft »ausgeführt« worden waren und folglich auf dieser Reise niemandem vorgestellt wurden. Aber immerhin, die Gouvernanten blieben zu Hause. Man wußte sehr wohl, daß die Hand der unsagbar strengen Erziehung die jungen Kinder unsichtbar begleiten würde. Es war nicht zu befürchten, daß sie ihre von der Etikette gezogenen Grenzen überschreiten würden.

Man ließ aus Paris zwei perlgraue Kostüme kommen, tailleur nannte man das. Dazu weiße Filzhüte mit großen Straußenfedern, graue Knopfstiefelchen und weiße Handschuhe. Meine Mutter, die ältere, war sehr schüchtern, meine Tante dagegen voll Übermut. Die Reise ging, so weit die Schienen reichten, auch zum Teil ins asiatische Reich.

In vielen kleinen Salons saßen die fremden Delegierten, russische Beamte und Offiziere. Der Großvater ging durch den Zug, saß mal bei diesen, mal bei jenen Gästen, erklärend und erläuternd und in ihren verschiedenen Sprachen sich mit ihnen unterhaltend.

Ein kleiner Salon am Anfang des Zuges war für die zwei Backfische sehr hübsch hergerichtet. Da saßen sie nun, schauten aus dem Fenster und freuten sich aufs Diner im Speisesaal, während die übrigen Mahlzeiten ihnen in ihrem Abteil serviert wurden. Eine scheußlich langweilige Reise, die meine Tante Veta nicht mehr aushielt, sie sagte: »Dolly, ich geh mal durch den Zug.« Dolly war außer sich über dieses Wagnis und blieb mit Herzklopfen allein. Stunden vergingen, keine Veta. Ihr konnte doch nichts zugestoßen sein? Sie mußte es wagen, die Schwester zu suchen. Sie trat auf den langen Korridor, der durch den ganzen Zug ging, und an dessen Seiten hinter großen Glasscheiben rauchend und plaudernd die Erwachsenen saßen, die von ihr zum Glück keine Notiz nahmen. Endlich aber hatte sie Erfolg, es kam ihre liebe Veta ihr entgegen, die Straußenfedern wippten auf dem großen Hut, das graue Kostüm mit hohem Kragen saß wie immer tadellos, wo war sie nur gewesen? Dolly winkte voll Jubel lachend der Schwester zu, und sie ihr auch, liebe, liebe Schwester. Und dann knallte Dolly mit dem Gesicht an die Spiegeltür, die hier den Korridor unterteilte, und ein belustigtes Gelächter tönte aus dem Salon, wo die alten Geheimräte sich königlich über den Irrtum amüsierten.

Dolly war es, als sei sie in eine Falle geraten, hochrot stürmte sie weiter bis zum nahen letzten Wagen. Dort saß sie, die Ausreißerin, im Abteil der jungen Adjudanten und Sekretäre, rauchte eine Zigarette! und schien sich köstlich zu unterhalten. Das klägliche Bild der totblaß gewordenen Dolly ernüchterte sie schnell. Zurück ins Abteil! Natürlich schauten sie nun aus allen Salontüren, wie die Doppelerscheinung der Straußenhüte schnell vorüber huschte. Die Disziplin, in der sie aufgewachsen waren, hinderte die Ältere, Vorwürfe zu machen oder gar zu weinen. Die Jüngere unterdrückte den unwiderstehlichen Lachreiz.

Nun beschlossen sie beide, nur noch aus dem Fenster zu schauen, und es kam ihnen ihre unermeßlich große und reiche Heimat von Tag zu Tag mehr zu Bewußtsein. Da waren die eintönig wilden Wälder, in welche der Zug nur einen schmalen Durchgang fraß, als würde hinter ihnen die Taiga sich wieder schließen. Da war die Steppe, jetzt gerade wie ein bunter Teppich von Blüten übersät, von Horizont zu Horizont. Da waren die Zeilen der Siedlungen, immer an einer Dorfstraße entlang in trauriger Monotonie. Und es kam die Region der Schroffen und Felsen, zackig und einsam, noch nie bestiegen.

Selten gab es eine kleine Station, durch die der Zug ganz leise und langsam hindurchfuhr, gleichsam um das Weibervölkchen, das dort mit seinen Waren wartend hockte, nicht zu enttäuschen. Sie boten lauter fertige Kost feil, goldbraune Hähnchen, flache weiße Brote (Kalatschen), gesalzene Pilzchen und pralle Salzgurken. Traurig hoben sich die Köpfe in den bunten Tüchern zu den unerreichbar vorüberziehenden Waggons.

Es gab auch seltene große Stationen, da hielt der Zug, die Lokomotive ließ sich Wasser einfüllen, die Passagiere stiegen alle aus, um sich die Füße zu vertreten und dann zu essen in diesen einmaligen russischen Bahnhofsspeisesälen mit silbernen Samowars auf den bis zum Boden hängenden blütenweißen Tischtüchern, und rund umher die vielen, vielen Platten mit Neunaugen, Kaviar, Käse, kaltem Braten, Gelees, Schnäpsen, weißen langen Broten, Geflügel, Terrinen mit Bouillon und dem unentbehrlichen Borschtsch. Welch lustige Abwechslung, die fast täglich ein Mal geschah, und die doch nie vorauszusehen war.

Dreimal läutete dann die Stationsglocke, beim ersten Ton hieß es austrinken, bezahlen; zwei Töne: artiges Begleiten der einzigen und so jungen Damen auf den Bahnsteig; drei Töne und noch eine kleine Pause für die Langsamsten, dann zischte die frisch geheizte Lokomotive, um sie alle wieder fortzuziehen durch ein unbekanntes und dennoch geliebtes, durch ein gänzlich undurchschaubares und unheimlich großes Land.

Welch ein Glück, daß der Vater, beschäftigt mit seinen Gästen, vom abenteuerlichen Erlebnis nichts bemerkt hatte; aber er befragte daheim am abendlichen Eßtisch seine Töchter sehr genau nach ihren Eindrücken von allem, was sie unterwegs gesehen hatten. Wer weiß, vielleicht hätte er gelächelt, hätten sie von ihrem kurzen Ausbruch in die »Freiheit« berichtet. Unvergessen blieb alles, denn sonst hätte unsere Mutter, eben jene Dolly, uns nicht dreißig Jahre später von jenem Abenteuer erzählt.

Die große Meditation

Wir Kinder krochen wie die Indianer auf dem Bauch durch das Wäldchen; wo die Bäume am dichtesten standen, befand sich die Blockhütte, welche Tante Schouta für ihren Stainway hatte bauen lassen. Die leidenschaftlichen Töne Chopins, der donnernde Beethoven; wir wollten hören was Tante Schouta dort für sich so geheimnisvoll spielte. In der Hütte befand sich der Flügel und die Klavierbank, sonst nichts. Tante Schouta war eine begnadete Pianistin, aber sie spielte am liebsten ungestört und allein.

Das Gut Nikoljskoje war 1911 abgebrannt; statt des alten Gutshauses wurden dann zwei Häuser gebaut, eines für die Gutsherrin Tante Ija, deren Bruder unser Onkel Kescha war, und das andere für Onkel Kescha und Tante Schouta mit ihren drei Kindern, denn die kamen nur im Sommer hierher, weil er in St. Petersburg im Ministerium arbeitete und eine große, konventionelle Stadtwohnung dort hatte. Umso lichter und lustiger war das neue Haus, und auch die kleine Blockhütte für Tante Schoutas einsames Klavierspiel war etwas ganz Besonderes. Wir meinten, Ferien könnten kaum schöner sein, als bei den Verwandten hier.

Tante Schouta war die jüngste Schwester unserer Mutter und als echte Künstlerin zur Hausfrau recht unbegabt. So schickte sie bei jeder Küchenfrage ein Telegramm an meine Mutter, das immer mit »embrassons, Schouta« endete.

Meinen Vater amüsierte das sehr. »Schouta hat wieder eine Gabel fallen lassen, ein Embrassons ist gekommen«, sagte er, wenn wieder ein Telegramm kam.

Wir liebten diese Familie sehr. – Sie waren so fröhlich, so voller Überraschungen, Humor und Musik. Onkel Kescha sang mit uns die russischen Kinderlieder vom goldköpfigen Hähnchen und vom betrunkenen Zeisig, und er zauberte, wie ein echter Zauberer.

Den Ersten Weltkrieg mit der schrecklichen Hungerblokade in St. Petersburg überlebten sie mit knapper Not. Meine Eltern und wir Kinder befanden uns damals auf der Rückreise aus der sibirischen Verbannung, und es gab noch vieles im reichen Sibirien, was im Mutterlande Großrußland fast sagenhaft klang. Die Bahnstationen waren bevölkert von Händlern, und wir kauften und kauften, obwohl es streng verboten war. Ach! Wir kamen mit unseren Schätzen gerade zurecht: In der eisigen Wohnung fanden wir die Verwandten unförmig in ihre gesamte Kleidung gehüllt, die Kinder so blaß und mager wie kleine Gespenster. Und ungläubig, unverstehend schauten sie auf das Brot, auf Butter, Zucker, Petroleum, vor allem aber aufs Brot. Es war schrecklich. Der Flügel war aus dem Leim gegangen. Er sah aus, als kniete er auf seinen Vorderfüßen.

Wir mußten weiterreisen, wollten wir die uns von den Bolschewisten gewährte Heimkehr nicht verfallen lassen. Es dauerte Jahre, bis wir wieder richtig fußfassen und ein normales Leben führen konnten, denn der Hunger war auch in die baltischen Lande eingezogen. Aber es gelang dann nach einigen Jahren, die zwei jüngeren Kinder der Tante Schouta über die hermetisch geschlossene Grenze zu schmuggeln, erst den Sohn Kolja, später Katia.

In Rußland hatte die Revolution noch mehr Not und Elend über das Volk gebracht, als vorher der Krieg. Immer schlimmer wurden die Gerüchte, Verbindung war ausgeschlossen. Nachrichten kamen nur, wenn jemand sie zu bringen riskierte.

Da entschloß sich meine Mutter 1937, also zwanzig Jahre nach der Revolution, nach Leningrad zu reisen. Ich weiß nicht, wie sie ihr Visum erhielt, ich weiß nur, wie atemlos wir ihren Erzählungen folgten, als sie wieder daheim war. Ein ungeheurer Gesinnungsterror war dort. Quälender und vernichtender als je eine physische Not.

In einer befreundeten Familie, die meine Mutter besuchte, saß man mit magerem Tee um einen runden Tisch in der Einzimmerwohnung. Vorsichtig und leise erzählten die Bekannten von ihrem Leben. Ihr zehnjähriges Töchterchen war Obmann in einer kommunistischen Kinderorganisation und hätte sie für jede Kritik unweigerlich denunziert. Dieses kleine, uniformierte Ding, mit alten müden Gesichtszügen, grüßte stramm und sprach den Parteijargon wie ein alter Funktionär. Dann verschwand es, und die Eltern gaben meiner Mutter Zeichen, unbemerkt über die Sofalehne zu schauen, die ein Eckchen der Stube abtrennte. Dort saß die gefährliche kleine Kommunistin mütterlich über ihre Puppen gebeugt, ganz hingegeben dem kindlichen Spiel. Wievielen Familien mochte es so gehen, gespalten in weiß und rot, ohne Gnade.

Onkel Kescha war in seinem Posten als Ministerialdirektor im X-Ministerium von der Revolutionsregierung übernommen worden, weil sein Ressort den neuen Beamten noch zu kompliziert war. Natürlich sollte er in die Partei eintreten; da er es nicht tat, wurde er verhaftet – Einzelhaft und Todesurteil. In einer Reihe mit zwölf anderen wurde er vor das Peloton gestellt. Die Schüsse fielen, nur nicht auf ihn. Er blieb stehen.

Er hatte in seinem Inneren mit seinem Leben abgeschlossen und mußte sich nun mühsam als quasi Begnadigter zurecht finden. Diese grausame Zeremonie wiederholte sich, einmal, zweimal und oft und oft. Verhaftungen, Einzelhaft, Erschießung der neben ihm Stehenden. Verschonung, Entlassung. Immer schwerer wurde es der Seele, ohne Zusammenbruch solches abgründige Geschehen zu bewältigen. Als meine Mutter nun ihn und Tante Schouta besuchte, war er wieder einmal entlassen und wieder im Amt; wohlgemerkt ohne Kompromiß. Aber er war wie verwandelt, ruhiger und gleichsam gestärkt. Was war geschehen?

Er war wieder, zum wievielten Mal wohl, in Einzelhaft gebracht worden. Schon bei den vorhergegangenen Erschießungen der anderen Gefangenen neben sich waren ihm die Knie zittrig und der Kopf blutleer geworden. Noch einmal, das würde er nicht durchstehen. Das war ihm gewiß. Allein, in der Zelle, bewegte ihn nur eines – wie? wie? sollte er standhalten. Er hatte immer wieder und nicht vergeblich um Kraft gebetet. Aber die Kraft nahm ab. Er spürte die Gefahr des Nachgebens, des Zerfalls.

Auf dem harten Lager in der Nacht kam ihm die Antwort auf sein Gebet. Er hatte einmal als Knabe ein Hochrad bekommen. Mit diesem hatte er eine Riesenfahrt von St. Petersburg nach Moskau gemacht, etwa 800 Kilometer auf den damals so elenden Landstraßen, eine sportliche Leistung, die ihresgleichen suchen kann.

Er beschloß, diese Reise nun hier in der Zelle zu wiederholen. Er maß die Schritte, die Meter der Zelle. Jeden Tag wollte er eine bestimmte Strecke abfahren, indem er die Zellenlänge abschritt. Ziel, wie damals, die Muttergottes in der Kathedrale von Moskau.

Bald stauten sich die Gefängniswärter vor dem Guckloch seiner Zelle; der Inhaftierte war offensichtlich dabei, durchzudrehen. Aber der Inhaftierte war ihnen völlig entrückt. Er marschierte, nein, er radelte hoch oben auf seinem Rad, und wie ein großes Geschenk kam das Erinnern Tag für Tag, genaues Erinnern. Noch nahe der Hauptstadt wurde der

Hochradler wenig beachtet, verrückter Knabe, sich auf so einem hohen, wackeligen Gestell vorwärts zu bewegen! Aber bald nach dem ersten dunklen Wald kam er in ein Dorf, wo die Weiber die Türen aufrissen, die Kinder schreiend und die Hunde bellend neben ihm herliefen und die Männer die Kappen abnahmen. War er ein Geist, ein Mensch oder gar ein böses Omen? Er stieg ab, sie umringten ihn, und er bekam frische, kühle Milch aus einer großen Tonschale, und sie fragten und fragten, und es wurde direkt lustig im Dorf. Einer kam mit der Ziehharmonika, und als er wieder aufs Rad stieg, schoben die Männer ihn an und riefen: »Gott mit Dir, Bruder«, und noch lange folgten ihm die Kinder mit aufgeregten strahlenden Gesichtern.

So wie im ersten Dorf ging es oft zu, aber nicht immer. Es gab Ortschaften, da sperrten die Weiber ihre Kinder ein, die Männer ergriffen ihre Mistgabeln und Sensen, hetzten die Hunde und verjagten den »Antichrist«, der kaum entkommen konnte.

Je weiter Onkel Kescha radelte, um so deutlicher kamen ihm Dörfer, Städte und Straßen ins Gedächtnis. Er vergaß zum Schluß ganz, daß er ein dem Tode und der Gewalt verfallener Gefangener war. Er aß fast mechanisch im Schreiten die tägliche Grütze, er hatte oft Durst und griff nach seinem Wasserkrug. Aber er sah die Wärter an, als sähe er sie nicht; sie waren durchsichtig geworden, und nur die Straße, die Bäume, die Steine, den Regen, die grundlosen regennassen Furchen der Landwege, die heiße, schattenlose Sonne auf seinem Gesicht, wenn sie im Zenit stand, nahm er noch wahr. Und von Ort zu Ort näherte er sich mit zitternder Erwartung seinem Ziel. Durch die Vorortstraßen von Moskau mit ihren Holzhäusern fuhr er endlich wie im Traum. Dort, hoch vor ihm, ragten die Kirchen, ragte der Kreml, dort würde er halten dürfen, ausruhen dürfen. Und unermüdlich schritten seine Füße die Zelle ab.

Dort war der Chram, die Kathedrale, zitternd stieg er von seinem hohen Sitz, lehnte das Rad an die Kirchenstufen, nahm seine Kappe in die Hand und trat ein. Mit heißen Dankestränen kniete er vor der Ikone der Wundertätigen und – kam von dem lauten Schlüsselrasseln zu sich. Man sperrte die Zelle auf, um ihn zu entlassen.

Unsere Tante Schouta starb noch im selben Jahr. Ihr Herz zersprang, könnte man sagen. Ein Photo zeigt sie in großartiger Gefaßtheit. Sie trug das Schicksal ihrer Heimat bis in den Tod in ihrer Seele.

Von Onkel Keschas Tod erfuhren wir nichts, auch nicht von seinem Todesjahr. Als ich 1979 Gelegenheit bekam, offizielle Nachforschungen in Rußland nach ihm, seiner dort verbliebenen ältesten Tochter und deren zwei Kindern zu stellen, kam als Antwort die Nachricht: nicht existent.

Kolja

An einem stillen Dezembertag versammelten wir uns zur Totenfeier. Wie alles im Leben des Verstorbenen, war auch hier etwas verquer gegangen:

Wir fanden keinen Pfarrer. Unser Vetter gehörte der Ostkirche an, war dort aber unbekannt; die katholischen und evangelischen Geistlichen lehnten ab. Endlich fand sich ein »Laienprediger« – »er schaut wie ein echter Pfarrer aus, sogar mit Stola« – beruhigte mich der gute Mann, der ihn uns vermittelte.

Ja er sah aus wie ein Opern-Hohepriester, einfach herrlich! Er sprach ausführlich über Umweltverschmutzung und anschließend das Vaterunser. Dann klopfte er mit Theatergeste an den Sarg und sagte »Lebewohl«.

Draußen hatte es zu schneien begonnen. Wir verließen den Toten, der in der Halle einfach liegen blieb, und der Leichendiener fragte leise, ob er die Kränze behalten und verwerten dürfe.

Das Krematorium, wo alles hätte stattfinden sollen, wurde gerade repariert. So sollte der Vetter auf Eis gelegt werden, bis die Verbrennung würde stattfinden können.

Die Endstation – dann ein kleiner Käfig für die Urne.

Der lange Weg aus dem Friedhofgelände ließ Zeit zum Nachdenken. Da war die früheste Kindheit im einstigen Zarenrußland, mit Bulantschik, dem Kinderpony, mit der Weite des Großväterlichen Gutes, mit der geschmückten

Amme, den reichen Mahlzeiten, dem Klavierspiel der Mutter und des Vaters Späßen, wenn er aus dem Ministerium heimkam. Da waren seine drei Schwestern und er selbst mit roten Haaren und verträumtem Wesen.

Dann kam der Erste Weltkrieg, und wir hörten fast nichts mehr von den Verwandten, bis wir sie im halbverhungerten St. Petersburg 1918 wiederfanden. Mit Messern standen die Leute in Reihen an, um einem verendeten Gaul auf der Straße ein Stückchen Fleisch herauszuschneiden. Der Bürgerkrieg tobte.

Damals hatte ein Gast den Kindern versprochen, Brotkrümchen von seinem Tisch in eine Schachtel zu kehren und diese nach einem Jahr zu bringen. Viel Hunger wurde ertragen, weil ja bald die Krümchenschachtel kommen müsse. Der Gast kam auch, hatte aber sein Versprechen total vergessen und ahnte den heimlichen Zusammenbruch nicht, den er da anrichtete. Kinder zeigen ihre tiefsten Enttäuschungen fast nie.

Einige Jahre nach dem Krieg, als der Hunger immer größer wurde, beschloß meine Mutter, wenigstens eines der Kinder zu uns herüber zu retten.

Schon damals gab es Fluchthelfer, aber keine bezahlten Nutznießer der Not, sondern wahrhafte Helden, denen es immer wieder gelang, Menschen über die Grenze zu holen.

Eine bestimmte Gruppe der russischen Bevölkerung durfte legal auswandern. Dafür saßen sie wochenlang unter schlimmsten Umständen in der großen Bahnhofshalle. Einer dieser Familien starb ihr Söhnchen. Kurze Verständigung mit der Mutter – damals verstanden Mütter solche Situationen! Das tote Kind wurde unter eine Tischdecke geschoben, Kolja an seine Stelle gesetzt.

So brachte der Edelmann und Helfer den jungen Vetter mit dem Paß »Peter Meissner« zu uns.

Es dauerte lange, bis die Behörden dem Flüchtling seinen richtigen Namen und einen Nansenpaß gaben.

Die deutsche Staatsangehörigkeit hatte er erst vierzig Jahre später, nach vierzehn vergeblichen Anträgen erhalten. Erst die Bürgschaft eines Professor Leo Frobenius machte es möglich. Viel, viel Bitternis und Zurücksetzung hat der Flüchtling jahrzehntelang schlucken müssen.

In der Nachkriegszeit wuchs er in unserer Familie, zumal mit meiner ihm gleichaltrigen Schwester auf.

Ein ernster Knabe, ängstlich, zurückhaltend, fleißig in der Schule, sonst passiv.

Nach seinem Abitur gingen die beiden nach München zur Ausbildung, sehr arm, oft sehr hungrig. Der Vetter konnte sein Studium mit Hilfe seiner schönen Stimme als Singstatist durchhalten.

Er machte den doppelten Dipl.-Ing. für Maschinenbau u. Elektrotechnik. Danach wurde er, wegen des Nansenpasses, überall unterbezahlt. Damals gab es keinen gesetzlichen Schutz für »Gastarbeiter«. Ja – auch ein Wohnrecht gab es nicht für ihn. Seine Wirtin stellte ihm einen Schlafplatz auf dem Dachboden zur Verfügung. Er blieb dreißig Jahre dort, klagte nie, war immer guter Laune, immer hilfsbereit.

Er hatte die Berge entdeckt, die Freunde der Einsamen. Seine große Dia-Sammlung zeugt von höchsten alpinistischen Leistungen. Aus der Wirtin wurde mit den Jahren eine mütterliche Freundin. Er konnte in ihrem Freundeskreis mitleben, jeder brauchte ihn, seine immer bereite Hilfe, seine strengen Prinzipien, seinen Humor. Man ging zusammen in die Berge, später, als er sich einen Wagen erspart hatte, fuhr er mit der Hausfrau in ferne Länder nach Nord und Süd, mit pedantischer Ausrüstung und Vorbereitung. Dann wurde die um zwanzig Jahre ältere hinfällig. Geistig rege bis zum Schluß, war sie gehbehindert und ganz auf seine Hilfe angewiesen. Bis zu seiner Pensionierung eilte er in den Mittagspausen heim, um für sie zu kochen. Die letzten Jahre hat er wie ein leiblicher Sohn auch die Körperpflege übernommen. Sie wuchsen in großem Vertrauen zusammen.

Er brachte sie manchmal in meinen ländlichen Wohnort, den Rollstuhl im Kofferraum.

Es war nur folgerichtig, daß sie ihm ihr Haus schenkte. Haus, Garten, eine Heimat sollte er haben. Er änderte nichts in ihrer Lebensweise, solange sie lebte; sie war 93 Jahre alt, als sie starb. Nun hätte die Villa mit all dem schönen Gerät eines Künstlerhauses den Inhalt seines Lebens bilden können. Aber nein, es kamen die Neider und prozessierten, weil irgendein Verwandtschaftsgrad zu solchen Prozessen Recht gibt.

Es waren schlimme Jahre, wieder war die Furcht vor dem Ausgeliefertsein dominierend. Lohnte es, auch nur einen Nagel einzuschlagen, wenn man doch alles wieder verlor? Aber in allen Instanzen gewann er, fast konnte er es nicht glauben. Nun war er Hausbesitzer, hatte ein eigenes Telefon! ach und einen aufs schwerste verdienten Alterssitz.

Vorher nur schnell »eine kleine Operation, eine kleine Nachkur«; das sind nur »Läuse und Mäuse« schrieb er mir. Wußte er nicht, daß es der Krebs war?

Drei Monate mußte er im Krankenhaus verbringen, dann zog er in die eigenen vier Wände, mit vielen Fenstern und dem auch im Winter tannengrünen Garten. Mit Plänen, die ganze Zukunft war sein. Sie war es elf Tage lang! Am elften Tage überfiel ihn eine Schwäche. Gemäß seinem Wanderlos starb er im Krankenwagen, wieder hatte das Schicksal ihm die Krümchen versprochen und nicht gebracht.

Zur Totenfeier war seine Schwester Katia aus London gekommen, die letzte seiner Familie. Sie übersetzt Bücher, sie geht aber auch als Raumpflegerin, die Rente ist klein. Ihr Leben ist mit viel Krankheit und Einsamkeit nonnenhaft geworden, anspruchslos im Besitz, anspruchsvoll in der Wahl

125

der Menschenverbindungen. Sie kann sich um den Nachlaß nicht kümmern, sie will ihn nur auf der Bank haben,
um damit anderen hilfreich sein zu können. Sachwerte
lehnt sie ab. So erhalte ich mit Brief und Siegel die General-
vollmacht alles abzuwickeln. Es ist klüger, zwischen Verwandten von Geld abzusehen. »Dann nimm alle Sachwerte, ich kann sie ja doch nicht brauchen.« Auch dieses wird
in der Vollmacht fixiert. Ich denke: Vierzehn Tage, dann
ist alles erledigt.

Ja nun sind bereits vier Monate Erbschaftsarbeit vorbei
und noch kein Ende abzusehen!

Aus seinem Nachlaß suche ich das Puzzle seiner Persön-
lichkeit zusammenzusetzen, zum mindesten zu erkennen.

Ich sehe seinen schönen adligen Kopf, in welchem lauter
Theorien und Ideale wohnten aus verflossenen Jahrhunderten. Sein streitbares Rechtsempfinden, seine grenzenlo-
se Hilfsbereitschaft, seine Angst, das Verstecken seiner Habe. Ja und sein Puritanertum, seine Scheu vor nackten Tat-
sachen, nackten Bildern, nackten Menschen. Ich versuche
mir sein Weltbild vorzustellen und habe lauter zusammen-
hanglose Trümmer in der Hand.

Ich räume im verlassenen Haus auf, fast ist es pietätlos
alles aufzudecken, was es dort gibt:

50 Pakete Pfannipüree mit dem Aufdruck »genießbar bis
1969« – wir schreiben 1979!

Auch die alte Dame war weltfremd. Überall Vorräte,
Vorräte. Im Reis sind Maden, im Zucker feuchte Bräune,
auf den zahllosen Schuhen Schimmel.

Die wunderschönen echten Möbel sind mit Schnüren zu-
sammengebunden, mit groben Nägeln zusammengehalten.

Auf den Polstern verstecken kleine Deckchen die Löcher,
aus denen Roßhaar quillt. Viel rostiges Werkzeug, rostige
Nägel und Schrauben, dutzende von Farbtöpfen. In einem
Körbchen ein Stilleben: ein halbes Paket Guano für den

126

Rasen, fünfzehn alte Krawatten, zwei schöne, grünspanige Silberlöffel, eine Handvoll Kugelschreiber.

Unter einem Haufen alter Illustrierter eine einstmals wertvolle Ikone, die im Schimmel abblättert, ebenda aber auch gültige Obligationen. Ich trage ein kleines Vermögen zur Bank der Erbin.

Im Kleiderschrank ein Fünfmeterfaltboot, ganz neu – und in anderen Ecken noch drei Boote, Zelte, Schnorchel, Schlittschuhe.

Der Dachboden ist mit dreißig Aktenkisten gefüllt, wir müssen sie öffnen. Nun sind wir bereits das zwölfte Mal hier, die alte Frau Maria, meine rechte Hand, und ich. Wir kriechen gebückt unter den Dachsparren einher. Wir denken, nun sind wir fertig, da stößt Frau Maria versehentlich mit dem Besen an die Wand, die ist aus Pappe und dahinter wieder ein Raum voller Kisten und Koffer. Prospekte, alte Kleider, mittendrin aber ein Teelöffelchen mit den Initialen meiner Mutter, das ihn wohl als Talisman begleitet haben mochte, ebenso wie ein kleines Iltisfell, das unser Kutscher in unserer Jugendzeit in der Stallfalle fing und gerbte. Und dazwischen auch ein Sack weiße Bohnen voller Maden. Man kann nie wissen, wann die nächste Hungerszeit kommt. Was hat dieses sonderbare Chaos zu erzählen?

Ich sehe eine deutliche Schrift, die ihm die Schicksalsführung über sein Leben schrieb:

Du wirst reich sein in der Güte des Herzens,
In der Freude, die Du Freunden zu bieten
                                        vermagst.
Deine Freunde brauchen Dich, aber
Du wirst keine Lebenshilfe erlangen.
Du wirst immer in Furcht leben,
Furcht, die Dich mutig macht,
Furcht vor allem was Dir fremd ist.

Und als ich zum Schluß in zwei Kartoffelsäcken die Stücke und auch kleinsten Teilchen von einigen echten, einst wundervollen Biedermeierstühlen zusammentrage, damit vielleicht ein Bastler sie zusammenfügt, da stellt ein Bild sich von alleine ein:

Jetzt werden sich in der anderen Welt deine Teile zusammenfinden. Du wirst wieder heil werden, weil alles an dir echt ist. Und jedes Stückchen Deines Wesens wird zur Ganzheit in Harmonie gelangen, Du armer, echter, reicher Biedermeier-Mensch Du!

Lebensbilder

Harras und Norma

Es war ein ungewöhnlicher Winter: die Ostsee war so tief gefroren, daß sogar die Eisbrecher die Fahrtrinne nicht mehr ständig offenhalten konnten. Ganze Schlangen von großen Schiffen lagen vor der Küste und warteten.

Es gab viele Feste. Das größte Fest aber war in meiner Seele entzündet, ich stand mitten in den Flammen jener ersten Liebe, die aus einem Mädchen die Frau erweckt, auch dann, wenn alles nur geheimnisvoll im eigenen Innern verschwiegen bleibt. Während des Sommers hatte Lenoir, wie ich ihn seines dunklen Hauptes willen nennen will, alle Morgen auf Harras am Tor gehalten, während mein Kindheitskutscher Alexander von Norma stieg, um mich aufsitzen zu lassen. Bang fragte ich mich, während der Ritt mir an Haaren und Wangen zauste, ob der Gleichschritt der beiden Braunen im entferntesten auch einen Gleichschritt der Herzen bedeuten könne. Ich war nie ein sehr tüchtiger Reiter, vor Zäunen und Gräben hatte ich Angst und teilte diese auch dem Pferde mit. Jetzt aber war die stärkste Triebfeder da, den eigenen Hasenfuß zum Schweigen zu bringen. So genoß ich die guten langen Galoppstrecken am Meeresufer, wenn es zick zack an der Linie entlang ging, die die Wellen in den Sand geatmet hatten. Und ebenso willig stieg ich ab und führte Norma eine Viertelstunde am Zügel, »was kein guter Reiter unterläßt«. Fort war mein selbständiger Sinn, mein noch nie gebändigter Freiheitsdrang. Jetzt wollte ich nur noch verehren, anbeten, gefällig gefallen.

Öfter ritt auch meine Schwester mit, dann konnte ich ihnen herzlich nachwinken. Aber was war in den Tagen, an denen wir vergeblich warteten? Dann lief ich zum Tor hinaus und suchte in den tausendfältigen Spuren im weißen Staub unter den Bauernhufen und groben Füßen der Lastpferde die acht gepflegten Eisenabdrücke hervor, säuberlich an die rechte Kante des Weges geschrieben – hier sah ich sie und dort wieder und da, vor unserem Tor bogen sie um die Ecke, fort, in die Weite, ach ins Namenlose, Gefürchtete. Denn wer saß nun als zweiter Reiter neben ihm, wer führte Norma, den Zügel über den Arm gelegt, im Schritt durch die Wiesen, wer endlich durfte ihm zuhören, der fast die ganze Welt gesehen hatte, und dessen Wissensbereich keine Grenze zu kennen schien?

Dann schlich ich auf mein Zimmer, zu zerschlagen, um etwas zu tun, zu beschämt über die eigenen unguten Gedanken, um mich der Familie zu zeigen. Aber horch, schallte da nicht Pferdegetrappel über die Brücke? Dumpf tönte das Holz, und in stummem Jubel stand ich schon auf der Veranda, wie Harras und Norma, weiße Flocken am Gebiß, vors Haus schritten. »Hallo! Heute bin ich mit Alexander allein geritten, Norma darf Ihnen nicht mehr den Graben am Kadakschenweg verweigern. Da haben wir sie ein wenig in Zucht genommen. Jetzt habe ich aber einen Mordshunger!« Und schon eilte ich, die Spiegeleier auf Speck zu braten und den Kaffee mit zitternden Händen zu filtern. »Schnell, Anni, tu noch mehr Holz ins Feuer, es eilt, es eilt, es eilt.«

Jetzt war Winter, und wir erlebten die blauweißen Tage unter dem blassen Gold der Sonne wie eine Kette von Festlichkeiten. Harras und Norma, der betagte Piccolo, Alikas und Düna wurden jedes zwischen leichte Birkenstäbe gespannt, die hinten einen Querstab hatten. Diesen Stab befestigten wir an unserem Leibgurt, stellten uns auf unsere Ski und ergriffen die langen Zügel. Harras voraus, so fuhren wir die Birkenallee entlang zum Meer und auf die gefrorene Fläche, bis die Ufer klein wurden wie fremde Küsten, bis die geballten Eisschollen die Wasserrinne und den mühsamen Weg der Eisbrecher anzeigten, bis die Sonne rot wurde und es kalt durch die Eisdecke krachte. Dann wendeten wir und stellten uns nebeneinander auf, Lenoir immer mitten drin, und warteten aufs Zeichen, bei drei ging es los! »Wer ist zuerst auf festem Land?« Ein Wettrennen auf schimmerndem Eis im Abendlicht ist über jede Beschreibung aufregend und malerisch. Der Schnee von den jagenden Hufen verklebt die Augen, man hört die Zurufe, das Schnauben der Pferde, man weiß nur eins – jagen, gewinnen, ach, um Gottes willen nicht der zweite oder dritte sein! Piccolo war der Ehrgeizigste, fast immer kletterten seine kleinen Hufe schon über die Uferschollen, wenn die anderen Pferde erst, mit weißen Bärten am Zaumzeug, angedonnert kamen.

Ohne Sturz und Fall ging es nie. Eines Tages, als die steigende Sonne mittags immer gehörig am Schnee leckte und schwarze Flecken auf der Straße entstanden, hatte ich, an Piccolo geschnallt, schon zehn Runden um die Einfahrt gemacht, und Lenoir war immer noch nicht da. Im Warten wurde ich lässig und saß plötzlich mit den Skiern auf solchem Taufleck fest, das Pferd zog weiter, und ich stürzte schwer nach vorne. Das Knie tat erbärmlich weh, und ich wäre gern heimgegangen, wenn nicht gerade jetzt Norma mit ihrem Herrn angekommen wäre. Wir fuhren los, aufs Meer und ziellos den Ufern entlang, bis es dämmerte. »Tränen?« – »Ja, es ist der Wind.« Und ich versuchte zu tun, als gäbe es kein Knie. Heimlich fürchtete ich mich vor dem Abschnallen daheim. Doch es sollte noch schlimmer kommen, es war bereits ein Schlitten angespannt, eine eilige Einladung rief uns alle zu einem Hauskonzert bei Onkel Werner.

Das Knie wurde nicht gefragt. Ich war auch voll Entzücken dabei, als bei unserem Gastgeber erst ein Mozartquartett, dann ein herrlicher Tee geboten wurde. Lenoir in Gesellschaft auch nur anzusehen, wagte ich nie.

Aber das Knie wollte nicht schweigen, leise vertraute ich mich Onkel Werner an, war er doch der beste Chirurg des Landes. Er ging mit mir in sein Zimmer und stellte fest: »Die Kniescheibe ist angebrochen, Du mußt sofort ins Bett.« Aber nur Mutter ahnte, welche Kraft des Empfindens dahinter stand, daß ich fünfzehn Kilometer Skikjöring, Umkleiden und den Besuch überstanden hatte, ohne schlappzumachen. Die Wochen, die ich liegen mußte, saß Lenoir oft bei mir und las mir Taine's Voyage en Italie vor, und wir ahnten damals beide nicht, wieviel wir noch miteinander reisen würden.

Der Verkehr guter Freunde spielte sich immer völlig ohne Programm ab; wenn man Lust bekam, einander zu sehen, besuchte man sich. Oft wurden solche Entschlüsse in wenigen Sekunden gefaßt. Einmal war Lenoir mit einigen Gästen zum Frühstück, da schlug Vater vor, nachmittags ein Picknick auf dem Eis zu machen. Telefonisch wurden Freunde geladen, die Pferde wurden zusammengetrommelt, Stroh auf die großen Schlitten, bunte Decken drauf, es wurde gebacken und gebraten, und auf den Fourageschlitten packte man das eiserne Dreibein für den Wasserkessel, die Kuchen, Holz fürs Feuer, Schinken, Schnaps, Kaffee und Geschirr, die Teppiche aus dem Herrenzimmer und das Grammophon. Die fröhliche Gesellschaft wurde gut zugedeckt, und die Skifahrer hingen sich an Stricken hinten an, einige nahmen Schlittschuhe mit. Es wurde eine tolle improvisierte Eispantomime, die Teppiche leuchteten wie rotes Blut auf der hellen Fläche, die Pferde standen dampfend von der schnellen Fahrt unter ihren Decken und wunderten sich, das Feuer loderte seltsam farblos im hellen Sonnenlicht.

134

Zum Überfluß erlebten wir noch eine echte estnische Fischlotterie. Ein paar Fischer hatten ein Loch in das Eis gehackt und ihr Netz herabgelassen. »Wieviel bietet ihr für den Fang?« »Zehn Rubel!« »Hol auf!« Und sie zogen zu dritt, mit steifen Händen, das lange Netz ans Licht. Drei elende Fischlein, fünfzig Kopeken wert, waren darin. Welch köstlicher Reinfall! Wir wußten aber von vielen Malen, wo wir für fünf oder zehn Rubel einen Schlitten voll Fische geerntet hatten. Und darum gönnten wir den guten Männern heute ihren leichten Gewinn. »Kommt morgen wieder!« riefen sie uns zu.

Wer wollte sich trennen von diesem Erleben? Fern stand der Wald wie ein schwarzer Strich, fern waren Stuben und Lampen, Stühle und Öfen. Hier war man zum Wilden geworden, fast hätte man Walfischfleisch und Tran vermißt. Die Älteren saßen um den Kessel, die Jungen tanzten Schlittschuhwalzer nach der Musik, und die Kutscher standen mit dem Schnapsgläschen bei den Pferden.

Und dann welch ein Heimweg: Das russisch-wehmütige Läuten der Schellenbänder, die knirschenden Schlittenkufe, das knisternde Stroh, der Geruch von Winter, Stall und Wein, und im Herzen das süße wunde Lodern, das keiner sehen durfte und das doch sicher von allen bemerkt wurde, nur nicht von ihm, den es anging.

Er muß es aber dennoch einmal entdeckt haben. Er war zum Abendessen bei uns; wie immer war ich still in seiner Gegenwart, die Kehle wie verengt vor Bangen, etwas Dummes zu sagen. Es gab russische Piroggen, hinterher baltischen Bubbert aus sehr vielen Eiern und mit Erdbeerkompott übergossen. Der Samowar stand dampfend neben meiner Mutter. Vater und Lenoir sprachen über das Buch »Vom Wesen der Sprache« von Mauthner, ich erinnere mich, daß es etwa so begann: »Was die Wanzen tötet, tötet auch den Popen.« Da öffnete sich die Tür, und unser Kutscher Iljuschka trat leise ein, indem er sich bekreuzigte und einen Schlüssel vorsichtig neben meinen Platz legte. »Kommen Sie noch in den Stall, junge Herrin?« »Was ist los, Iljuschka?« »Gott vergebe, ich störe, aber es sind Lämmer geboren, es sind so schöne frische Lämmer.« »O ja, Iljuschka, die muß ich anschauen!« Und ich sprang auf: »Darf ich, Mutti?« »Ich gehe mit«, sagte Lenoir, »es dauert doch nicht lange?«, und wir warfen uns schnell die Mäntel über.

Im Stall war es sehr still, wir drehten das Licht an und suchten die Schafbox auf. Da lagen sie, wie Spielzeug, die lockigen Stelzfüßchen mit den viel zu großen Ohren und den krummen Näschen. Ich nahm eins auf den Arm und hätte es am liebsten ins Haus getragen, weil es morgen nie mehr so einzigartig ausschauen könne wie heute an seinem ersten Tag. Aber Lenoir hielt mich fest, wir wollten noch ein wenig hier sitzen bleiben, auf Heu und Stroh.

Als wir eine Weile später ins Eßzimmer traten, saßen die Eltern noch beim Tee, ich aber, ich war eine Braut…

Und am nächsten Tag bekam ich Norma als »Morgengabe«, und Lenoir brachte mir einen kleinen schwarzen Teppich, der ihn von Afghanistan bis an die Ostsee begleitet hatte, und sagte: »So viele helle Sterne, wie hier auf dem dunklen Grund stehen, so soll auch unser Leben sein, hell von Stern zu Stern!«

Jetzt ist es an uns, jedem in seinem Lebensraum, das durchschauen und verstehen zu lernen, was sich als Wolke über unseren Himmel zog, um ihn für immer darunter vergehen zu lassen.

Pan Casimir Tausendschön

Spät am Nachmittag kam ich in Breslau an. Eine große Straße führte vom Bahnhof fort, und in ihr gab es Läden, die auf
eine besondere Art das schon östlich Üppige mit einer her-
vorragenden Gediegenheit verbanden. Es war direkt ein
Vergnügen, hier einzukaufen. Ich ließ mir einpacken, was
nur irgend für ein Picknick paßte und fuhr dann in Richtung
Oels weiter. Ich war ganz dem Anschauen der waldreichen,
blühenden Landschaft hingegeben. Ich fuhr zu den nahen
Verwandten, die mich freundlich eingeladen hatten. Hinter
mir lag das Elend einer Scheidung, lag die Trennung von
meinen Kindern. Vor mir lag fern irgendeine Berufswahl,
nah aber dieser Besuch. Ich hatte sozusagen ein neues Le-
bensblatt in mir aufgeschlagen, das schweigend und weiß
einer Eintragung harrte. Die darunter liegenden Seiten waren mit Bitterkeit und einem nicht einzugestehenden Leid
bekritzelt, es war besser, nicht zu blättern.

Ich erinnere mich nicht mehr an den Verlauf der kleinen
Reise. Ich weiß nur, daß ich am nächsten Morgen in einem
fremden Zimmer erwachte und auf eine nie geahnte Weise
geborgen war. Ich schaute aus dem Fenster – ein kleines
Pferd ging bedächtig zwischen den Hühnernäpfen umher
und stieß mit der Nase eine alte Gießkanne beiseite. Es war
nicht schön, aber seine reinen Fesseln und sein dünnes Fell
sprachen von einem beachtlichen Urahn. Die Hühner waren prachtvoll, ebenso die dicken Enten, aus dem Garten

sprach eine liebenswürdige Romantik mit Trauerbirken und Rosenbeeten. Das alles mußte ich näher anschauen. Das weiche Wolfsfell vor meinem Bett hatte Kindheitserinnerungen angerührt.

Durch eine helle Diele kam ich an einen Torbogen, über dem geschrieben stand: »Komm nun endlich Mensch zur Ruh, Du bist ich und ich bin Du«, und gleich dahinter brannte helles Kaminfeuer in einem ganz mit Fellen belegten Raum. Ein niederes Tischchen vor dem Feuer wartete mit Butter, Honig und Schokolade. Ich nahm den Hocker und wartete.

So fing es an. So ging es weiter. Hier wohnten zwei Menschen, denen in einer zehnjährigen Ehe die gegenseitige Freiheit immer noch so wichtig war, daß sie wie Fremde Sie zueinander sagten. Nie habe ich größere Lebenskünstler gesehen. Als Onkel Hans junger Leutnant war und sein Wechsel nie reichen wollte, da gab er seinem Burschen am Ersten des Monats das Geld: »Versteck es, Kaczmarek!« Und Kaczmarek versteckte die Silbertaler, die Markstücke und das wenige Gold in der Leutnantsbude. Und alle Tage suchte und fand man das Nötige in Vasen und Stiefeln, hinter Bildern und unter den Kissen. Gegen Ende des Monats aber wurde ein lebenswichtiger Sport daraus, da mußte man unter das Bett kriechen und auf dem Kleiderschrank nachsehen, und es kam vor, daß das große Los in Gestalt eines Goldfuchses im Papierkorb lag. – So war mein Hausherr beschaffen, und daß seine Frau zu seiner Art paßte, war leicht zu erkennen. Auch hier hatten sie nie Geld, aber es kam keine Stunde lang vor, daß sie sich deswegen Gedanken machten. Immer wurde das Nächste zur Pflicht am Nächsten. Wer bedürftig vor ihnen stand, wurde versorgt, auch wenn sie selbst dadurch zu Bedürftigen wurden. Sogar die kleinen Enten wurden in Tante Nattys weißen Fuchspelz gebettet, als das Frühjahr einen Kälterückstoß brachte und die zarten

Flaumfedern zur Erwärmung nicht ausreichten. Sie krochen in die weiten Ärmel des Pelzmantels und unterhielten sich mit piependem Flüstern. Pinkus, der Pudel, schaute gutmütig auf das goldgelbe Gewimmel: als er noch klein war, hatte er selbst zur Erwärmung von Großmutters Kopf dienen müssen. Ganz artig rollte er sich über ihrem Scheitel zusammen, wenn sie auf dem türkischen Diwan lag und die Neuralgien ihre Stirn zerrissen.

Tante Natty kam nun herein, Pinkus hinter ihr, und alle drei bildeten wir ein zärtliches Knäul der Begrüßung. »Iß, Kind, iß und laß Dich pflegen, laß Dich verwöhnen.« Onkel Hans erschien an der Schwelle und lachte übermütig über das eigene ungeschickte Getue, wie er in einem Becher Ei, Kognak und Zucker für mein Frühstück zurechtklopfte. »Nituschka, stärke Dich, laß die böse Welt hinter Dir und sei fröhlich mit uns.« – Ja, das wollte ich sein, ja hier konnte ich, zum esten Mal seit Jahren, den Panzer der Lebensanforderungen abschnallen und mein innerstes Wesen herauskehren, das so scheu sich all die Jahre versteckt hatte.

Das Kaminfeuer brannte herab, wir verließen die glimmende Glut, die auf die Elchdecke und Wolfspelze rote Schatten warf, und traten ins Freie. Da schlug uns heller Tag entgegen, das Federvieh wimmelte erwartungsvoll zu Nattys Füßen, das Auge war schmerzhaft geblendet von den weißen Lichtern, die von Bäumen und Sträuchern aufflammten. Das Pferdchen zottelte herbei und legte seinen Kopf auf Onkel Hans' Arm. »Weißt Du, wo er her ist?« fragte Natty – und sie erzählte, wie im Winter Onkel Hans nach dem Städtchen gefahren war. Da stand auf dem Ring im Schneesturm ein ungleiches Gespann: neben dem knochigen Schimmel ein winziges Pferdlein, zerzaust und elend, aber auf den ersten Blick schon konnte man sein Persönliches erkennen. Klug hatte es sich seitwärts gegen den Wind gedreht, seine dunklen Augen sahen meinen Onkel an, als wollten sie ihm zurufen – nimm mich mit, ich bin in unrechter Hand. Und Hans stieg vom Rad und suchte das schneebedeckte Schild am Schlitten zu entziffern, das den Besitzer des Fuhrwerks anzeigte.

»Natty, ich habe ein Pferd gesehen, das müssen wir haben, so etwas kommt uns nicht so bald wieder in die Hände.«

Und zwei Tage später fuhr er zu den Bauern – »gib mir den Gaul.« Wenn ein Schicksal da ist, gibt es keine Hindernisse. Onkel Hans wußte ahnend voraus, was das kleine Tier ihnen bedeuten würde. Für kein geringes Sümmchen konnte er es erstehen. »Pan Casimir«, sagte er zu ihm, als er den langen Heimritt begann, »Pan Casimir sollst du heißen, und dein Beiname soll ›Tausendschön‹ sein, weil du Tausende gekostet hast und weil du wirklich schön bist, wie ein Pferd sein soll, von den lauschenden Ohren bis zu den kleinen Hufen.«

Aber ach, Natty brach in Tränen aus, als der struppige Gast naß und müde in die Stallaterne blinzelte. »Was haben Sie mir da für ein kleines Greuel gebracht!« sagte sie.

Aber Pan Casimir Tausendschön, genannt Möpschen, ließ sich nicht abweisen, er ging mit seinen kleinen energischen Schritten direkt in Nattys Herz hinein, er hob den Kopf auf ihren Arm und legte seine ganze vertrauende Pferdeseele in seinen Blick.

Seitdem kam es vor, daß Natty zu ihrem Mann sagte – »Sie haben gar kein Verständnis für Möpschen, sehen Sie doch nur, wie klug und reizend er ist«, und Hans registrierte erstaunt die weibliche Wandelbarkeit.

Ich mußte lachen, ja, so war sie, erst weint sie über das häßliche Geschöpf, und dann ist es ihr mehr als Kind und Bruder.

Wir betrachteten den Hühnerstall. »Schon wieder haben die Ratten in der Nacht ein Küken geholt, jetzt muß endlich ein Feldzug gegen sie eröffnet werden.« Dann gingen wir durchs hintere Tor auf die Wiese und den Kartoffelacker.

140

Runde grüne Blattinseln deuteten an, daß die Kartoffeln kräftig am Keimen waren, man konnte beginnen, sie das erste Mal zu häufeln. »Fein, das machen wir zusammen, das Möpschen geht doch sicher gut im Pflug?« Wir schlenderten über die anschließenden Dominiumsfelder – »die sind ja noch weit hinten, wenn man Euren Acker vergleicht!« Dann umschritten wir den Graben und standen nachdenklich vor dem dicht besetzten Rosenbeet. »Wie kommt es, daß die neue Rose vom Rosenzüchter Späth dort genau so heißt wie Großmutter Natalie Zemith?« Ein Rätsel oder ein Zufall? Wir konnten es nicht ergründen, die »alte Mammi« lag schon über ein Jahr auf dem Herrenhuter Gottesacker und nur ihr Segen war über uns allen geblieben. Drum gingen wir nun auch in den »Mammiwald«, der für sie noch zuletzt ein erreichbarer Spaziergang gewesen war. Hier standen schon die Maiglöckchen in dichten Scharen unter dem Schattenspiel der alten Bäume. Es duftete so giftig süß, daß man kaum wagte, ganz tief einzuatmen. Die »alte Mammi« wurde nicht bedauert und beweint, wie wir so über sie sprechend langsam durch das Wäldchen schritten. Sie war eigentlich immer anwesend, sie lebte mit.

Zum Mittagessen, das die alte Frau Holla schon köstlich vorbereitet hatte, tranken wir den Wein aus meinem Breslauer Picknick-Korb. Dann waren wir wieder faul vor dem Kamin, ich weiß es kaum, wie nebenher die Tiere alle noch zu ihrem Recht kamen. Pan Casimir kam ans Küchenfenster, um zu mahnen.

Plötzlich sprang Onkel Hans auf – »ich muß schnell ans Telefon, vielleicht kann ich aus der Kaserne ein Pensionspferd haben, undenkbar, daß Nituschka hier ist und wir nicht reiten.« Und schon nahmen seine langen Beine die Verandatreppe mit einem Sprung.

Am nächsten Morgen war er schon fort, als ich aufstand. Natty und ich spannten das Möpschen an den Pflug und befuhren die Kartoffeln; es war wie Brotschneiden, wenn die Furchen sich dunkel und duftend unter dem Flugmesser hoben, daß die kleinen runden Blätter, wieder verschüttet, sich ein zweites Mal zum Licht kämpfen mußten. Möpschen ging viel zu schnell, das Weiße in seinem Auge blitzte hervor, wenn er den Kopf wandte – »bin ich ein Ackergaul, Ihr greulichen Weiber.« Aber gehorsam schritt er die Reihen ab, bis uns die Hände an der Pflugschar brannten.

Gegen Abend kam Hans auf einem eselfarbigen Schwadröner geritten. Möpschen schielte prüfend zum Stallgenossen – paßt du mir, gefall ich dir? Und dann fraß er seinen Hafer mit solcher Hast, als könne der Fremde unversehens in seine Krippe greifen. – Onkel Hans hatte uns Schokolade mitgebracht, wir saßen draußen, die Erde duftete wie Honigkuchen, und alle Welt lag still um das weiße Haus. Onkel Hans las vor: vom Leben und Sterben der Heiligen Hedwig, der Patronin der Schlesier, die vor 700 Jahren fern in Bayern am Ammersee geboren und erzogen worden war. Ich sah ihn an. Seine sehr großen Augen hatten ein auffallendes Tiefblau, das beim Zorn schwarz und beim Lachen fast veilchenfarben wirkte. Seine Stirn war ruhig und groß, der Mund – umgeben von Lachfalten, die auch um die Augenwinkeln kleine Sonnen bildeten – wirkte immer begütigend und schlichtend. Nie habe ich ihn in Haß oder Verachtung verzerrt gesehen. Die knochigen schmalen Reiterhände offenbarten eine Mischung von Draufgängertum und Nachgiebigkeit. Seine biegsame Gestalt verriet unschwer, wie leicht es ihm gefallen war, all die silbernen Kannen, Tabletts, Pokale und Medaillen, die Nattys Zimmer schmückten, im Rennen zu gewinnen. Natty hörte ihm gespannt zu. Seit dem Tode der Mutter näherte sich ihre Seele immer stärker der katholischen Kirche, in welcher ihr Mann daheim war.

Es wurde Schlafenszeit, und ich spürte das Daheimsein, und wie gut es war, so fast unter einem Dach mit Pferd und Huhn und den nahen Menschen ausruhen zu können.

Dann hörte ich, wie Hans und Natty in ihrem Zimmer noch leise redeten, und zum Schluß hörte ich nur mehr den Dreischlag der Uhr über ihren Betten, einen Dreiklang.

Waren nicht auch wir ein Dreiklang?

Am nächsten Morgen gab es Sardinen zum Frühstück, die mit Fritz, dem eselgrauen, mitgekommen waren. Wir aßen auf der Veranda, und die Hühner trauten sich nicht über Pinkus hinweg die Stufen hinauf. Es roch nach Tau und Blumen; wie lange noch, und es würde Heuatem die Luft durchziehen. Oh, nichts sollte vergehen, die Tage sollten bleiben, bleiben, bleiben. Ich sah auf Onkel Hans – er fütterte Natty mit kleinen Semmelreitern, der Sattel von Butter unter dem goldgekleideten Sardinenjockei. »Ach Hans, geben Sie Nituschka davon, ich kann ja später immer und immer noch von Ihnen gefüttert werden«, und sie legte zärtlich ihre Stirn an seine Hand. Ja, das »später« war nahe, mit jedem Stundenschlag kam es näher.

Hans ging, die Pferde zu satteln, ich zog mir die olivenfarbenen Breeches mit der langen Jacke an, braune Reitstiefel, weiße Krawatte und steifen schwarzen Hut, der unter dem Kinn wie ein Helm geknöpft war. Natty steckte mir ein paar Veilchen ins Knopfloch. Da kam Onkel Hans mit dem Grauen. Möpschen trottete mit hängenden Zügeln zu Natty und langte über die Verandabrüstung nach der Zuckerdose. Oh der Strolch, schon hatte er sie gepackt und zu Boden gezogen, daß die Zuckerstücke umherkollerten. Hans klemmte sein Monokel ein, das wie durch Zauber alles Verträumte aus seinem Gesicht strich, und fing an, den Zucker aufzulesen. Unter Gelächter stiegen wir in die Sättel. Ach, welch köstlicher Anblick, der große Fritz neben Möpschen, das mit mir zusammen gut unter dessen Kinn durchschreiten konnte.

Wir winkten zurück, unser Tag begann. Der lange Galopp ließ uns erst am Waldrand verschnaufen. Gibt es herrlichere Musik als das Knirschen des Sattelleders und das leise Klirren der Trensenringe. Gibt es schöneren Tanz als den Walzer der Pferdebeine, die voll Ungeduld sich vorstrecken, während der Kopf gebändigt in der Hand des Reiters ruht. Gibt es schöneres Glück, als jung zu sein und den Kummer von sich zu werfen. – Der dunkle Hintergrund des Vergangenen stand in meinem Inneren, der dunkle Hintergrund der schlesischen Wälder stand vor der Landschaft meiner ersten frohen Tage.

Ja, diese Tage waren erfüllt von der Zartheit, mit der die beiden mich wieder ins Leben hoben. Und abends oder morgens ritten wir durch den Wald. Wildschweine brachen aufgeschreckt aus der Suhle und donnerten über den Weg. Rehe blieben lauschend stehen, wenn wir im Schritt, leise plaudernd, über die Lichtung kamen. Kaninchen flitzten wie Billardkugeln über das grüne Tuch der Schneisen. Die Pferde hielten sich nebeneinander, denn Pan Casimir ließ sich durch Fritzens lange Beine nicht beirren, sein Galopp war lang und federnd, sein Schritt zwar klein, aber schwingend und weich. Sein Trab war kräftig und ehrgeizig, er schwang den Hals wie ein Paßgänger und ließ sich durch kein Tempo überholen.

Tags arbeiteten Natty und ich im Garten, ich flocht ein Schutzdach aus Schilf für die Enten. Die abendliche Teestunde verbrachten wir am Kamin, die hundertjährige Spieluhr zirpte ihre Menuette, oder Natty sang zur Laute:

»Täubchen läßt sinken die Flügel,
Flügelchen, weiß wie der Schnee...«

Und dann nahm sie uns links und rechts an ihren Arm und ging mit uns in den Stall, »schlaf gesund« sagen.

Noch heute sage ich, jener Zeit eingedenk, meinen Tieren »schlaf gesund«.

144

Dann rief die Wirtklichkeit uns aus den Träumen. Bald sollte ich hinaus, dahin wo Beruf und Aufgabe sich gestalten wollten. Der Sommer war vorgeschritten, das Herz war erstarkt, man wurde erwachsen. Und so zauberten die beiden eine Lebewohlfeier, die sie flüsternd und knisternd vorbereiteten.

Fast wie ein Kind wartete ich, bis sie mich holen kamen. Kerzen brannten auf der Lemniskate der großen goldknusprigen Brezel. Ein Durcheinander von kleinen Geschenken und Blumen umkränzte den Tisch, in der Mitte aber stand wie ein Kinderspielzeug ein Pferdchen aus brauner Pappe: Pan Casimir Tausendschön, genannt Möpschen. Jetzt war er mein eigen. Das hatte Natty getan, das hatte ihr großes Herz hergegeben, und ich nahm es an, weil es einmal auch gelten muß – daß nehmen seliger ist als geben.

Dann wurde das Korn gelb, und die Wiesen waren gemäht. Die Schnitter zogen zur Ernte, und auf den Feldern standen die goldenen Roggenhocken in Reih und Glied, während dazwischen schon die Gespanne die Erde aufpflügten. Erntefestzeit. Wir ritten auf die Schnitter zu und waren bald von ihnen umringt und umsungen:

»Wir binden, weil wir dürsten,
   wir binden Grafen und Fürsten.«

Und sie banden ganze Büschel von bunten Seidenbändern an unsere Arme und Kornblumen an den Hut. Die Hände streckten sich dankbar zu Onkel Hans' Gaben.

Wie sausten wir im Galopp über die Stoppeln, es war als spürten die Pferde den Schmuck, der gelb, grün, blau und rot hinter uns her flatterte. Mein Herz galoppierte mit auf meinem ganz mir eigenen Pferdchen, oh Erfüllung, oh Erntedank.

Dann begannen die Blätter zu fallen, und Natty sang abends:

»Ach, warum mußtest du sterben,
oh du mein Täubchen, mein Reh.«

Ich spürte das Ende, so wie die Erde den Winter spürt. Möpschen blieb bei den beiden zurück, bis ich alles gelernt hatte, was mir noch fehlte, um ein Sanatorium zu leiten. Und als ich fast die vier-mal-sieben-Jahre erreicht hatte, die so bedeutsam unsere Lebenspfade zerteilen, war es so weit. Mein anderer Onkel, Nattys Bruder, gab mir »das Erbteil voraus«, und ich konnte eine eigene Arbeit beginnen. Möpschen stieg wie ein Botschafter am Bahnhof aus dem Viehwagen, während die halbe Ortschaft applaudierte, und wir zogen den Berg hinauf zu meinem und seinem neuen Stall. Schlaf gesund, Botschafter meiner goldenen Zeiten.

Denn nun waren wir weit fort vom Schlesierland, und Möpschen war mein einziges Stück Gewißheit, daß ich nicht alles geträumt hatte. Verwandtschaft, wie ist leider dieses Wort abgeblättert und welk geworden; verwandt sein, sich für dich verwenden, deine Schutzwand sein, sich mit dir drehen und wenden. Und Möpschen verschenken! Und trösten und raten und helfen.

So gerüstet fing unser Leben im Erzgebirge an. Pan Casimir bekam viel zu tun, er fuhr so oft unseren Berg rauf und runter, daß er den Weg fast alleine fand: Brot und Fleisch und Gemüse holen, Post-, Handwerker-, Behörden- und Geldsachen erledigen. Und vor allem die Gäste im Korbwägelchen ins Sanatorium befördern, blasse Kinder, elende Damen, kranke Herren. Und wieder hinunter mit ihnen, gesunde Kinder, gebesserte Damen, genesene Herren. Jedermann kannte das kleine fleißige Tier, und die Kaufmannsfrauen traten hinaus, ihm ein Stück Brot zu reichen.

Unsere schönste Stunde aber war nach Sonnenaufgang, wenn im Kinderhaus die kleine Bande noch fest schlief, nach einem Tag voll heiterer Therapie, und die Erwachsenen am

146

oberen Hang noch in ihren Zimmern schlummerten und vielleicht im Halbschlaf grübelten, ob sie denn hier, wo es total anders war als sonst in Sanatorien, auch am richtigen Platz seien? Die Gymnastiklehrerin, die Kindertanten, die Fleißigen für Haus, Garten und Stall atmeten jetzt ganz besonders tief, bald würden ihre Wecker klirren. In dieser einzigen Morgenstunde ging ich zu den Tieren: dem Spitz »Humorle«, der nachts gewacht hatte und nun ausruhte, zu den Schweinchen, die wie immer rosig auf sauberem Stroh ihr Frühstück erwarteten, und zu Möpschen. Niemand konnte uns sehen, niemand uns stören, so setzte ich mich im Badeanzug auf seinen Rücken, und wir trabten ganz leise durch unser Gelände, zu den hundert Rhododendren, zur »Margeritenwiese«, zum Bergwald, an dessen Rand unsere Liegehalle stand. Und wir wußten beide, daß wieder ein Tag voll Pflichten vor uns lag.

Ganz ungesehen waren wir übrigens nicht, denn eines Tages stand im Gästebuch:

> Patienten, hörts mit Zittern,
> Madam ging Schweine füttern...

Im Winter zog Pan Casimir den Schlitten voller Kinder, oder wir machten Skikjöring mit ihm, da sauste er, daß unsere elenden Stadtleute rote Backen bekamen. Und ich allein fuhr am liebsten auf dem kleinen Rodel, den er federleicht durch die Wälder zog, vielleicht zu einer Bauernfamilie, die bei Kerzenschein um eine Schüssel mit Leinöl saß und ihre Erdäpfel zuvor in Öl und dann in Salz tauchte; man war arm in jenem kleinen Bergland und fleißig, und ein Gast, der vorlieb nahm, war etwas Schönes.

Als der dritte Winter kam, klingelte spät in der Nacht das Telefon. Es war jener Pfarrer, der zu einer Diätkur dagewesen und danach wieder abgereist war. Er hatte eine große, tiefe Spur in meiner Seele hinterlassen, nicht so wie die ande-

ren, Dankeschön und Rechnung zahlen und fort. Er hatte
mit mir gelesen, er hatte mir die Welt erklärt, er hatte mir
das Geistesleben durchsichtig gemacht, das ich nur ahnend
gespürt hatte. Er hatte mir wie in Blitzeshelle Schicksal vor
das innere Auge gestellt – was war, was ist und was sein
wird, wo Schicksal wirklich echt webt und waltet. Und dann
nahm er Abschied und wir sagten es beide, für immer ....
Und das war vor drei Tagen gewesen.

»Ich bin hier unten, in Dresden, und bekomme noch den
Nachtomnibus nach Bärenfels, wenn Sie mich nur an der
großen Kehre abholen können.« Aus, abgehängt. Oh,
Möpschen! Dorthin gab es nur einen schmalen Pfad durch
dicht verschneite Tannen, und wir konnten nur den Rodel-
schlitten nehmen; für lange Wege und rechtes Gespann war
es zu spät. Mit zitternden Fingern knüpfte ich all die Schnal-
len und Riemen am Pferdegeschirr, und Pan Casimir bückte
sein kluges Köpfchen, um sich das Schellengeläut überzie-
hen zu lassen. Und dann schnell, schnell noch ein Tischlein
decken am blauen Kachelofen und schnell, schnell noch sich
ein wenig striegeln und auch das Möpschen, daß wir schön
und glänzend losfahren konnten, weil vielleicht an der Kehre es stand – »Es«, unser Schicksal.

Wir sahen schon ferne, unten, die Kegel der Scheinwerfer
die Schneestraße abtasten, als wir da »an der Kehre« standen, wo unser Pfad endete. Und schon hielt der Bus, der
geliebte Gast stieg aus und setzte sich hinter mich auf den
Kinder-Rodel und mußte sich und mich festhalten, sein
Kopf auf meiner Schulter. Denn Pan Casimir wußte alles
und sauste durch den Wald, wie man nur saust, wenn man
das Schicksal zu fahren hat. Unsere gemeinsame glückhafte
Lebensfahrt dauert noch immer an.

Aber Pan Casimir starb noch in jenem Winter, ein Opfer
seines Mutes und seines unbändigen Willens. Ein Auto war
irgendwo im Schnee stecken geblieben; ich war verreist. Pan

Casimir Tausendschön wurde geholt, er, der immer wieder Dorf auf, Dorf ab geholfen hatte. Und Möpschen wurde vors Auto gespannt. Seine kleinen Hufe preßten sich in die verschneiten Geleise, seine Nüstern blähten sich im verzweifelten Atem. Das Auto kam frei, aber Möpschen hatte sich tief im Innern einen Schaden getan. Er mußte erschossen werden. Pan Casimir Tausendschön mußte sterben, weil er es nicht anders gelernt hatte – Helfen ist not, auch wo es über die Kraft geht. Es kann wohl niemand ganz begreifen, daß ich vor lauter Trauer um »nur ein Pferd« auch tief innen ein nie ganz geheiltes Weh bekam.

Inzwischen kam großes und schweres Leid über das ganze Land. Roheit und böser Wille schüttelten das Volk in den Krieg hinein, und als er vorüber war, blieben manchem nur Scherben in der Hand. Auch Onkel Hans und seine Natty verloren ihre schöne schlesische Heimat und alle irdische Habe. Aber sie verloren nicht, wie so viele, die das gleiche Los traf, ihren Stil, ihre Würde, ihre Heiterkeit, ihren Glauben und ihr verwandtes Herz.

Der Geburtstag 1941

Die Kinder erwachten in bester Stimmung, heute war des Vaters Geburtstag, und wir wollten nach der Schule feiern mit Liedern und Gedichten. Auf dem Geburtstagstisch standen eine Torte, kleine Geschenke und alle Post, noch ungeöffnet. Da läutete es, und herein spazierten mehrere Uniformierte. Wir hatten im Grunde damit gerechnet. Im ganzen Reich waren schon vor einer Woche Verhaftungen von Geistlichen aller Konfessionen gewesen, sie würden uns nicht vergessen. Dennoch war der Schreck groß. Die vier Kinder von zwei, fünf, sechs und acht Jahren wurden im Kinderzimmer eingesperrt, ich durfte meinen Mann nicht sprechen, er selbst mußte die Haussuchung begleiten. Als erstes verschwand alles, was auf dem Geburtstagstisch stand, die Briefe! Dann folgte ein Karton nach dem anderen mit Büchern ins wartende Auto, alle »verdächtigen« Titel, nicht nur die anthroposophischen, z. B. »Die Heilige und ihr Narr« von Agnes Günther und ähnliches. Es läutete, unser neunjähriger Sohn kam aus der Schule, er begriff sofort, was los war, und fiel mir erschüttert um den Hals; ich sagte: »Diesen Leuten zeigt man nicht, daß sie uns treffen können«, und sofort riß er sich zusammen. Die Gestapoleute fuhren dann ab und nahmen meinen Mann mit, mich ließen sie, wohl weil man mir meine Schwangerschaft ansah, in Ruhe. Es folgten scheußliche Tage des Wartens, ich hatte aber Glück, ich fand ein Zettelchen mit der Telefonnummer des

150

Luftschutzwarndienstes, wo mein Mann als Rechner »Kriegsdienst« tat. Dort war ein Major, der furchtlos und brav mir am Telefon sagte, »jede Viecherei gegen die Gestapo mache ich mit«, und unverzüglich seine Freigabe forderte, weil rechtzeitiger Fliegeralarm von einem guten Rechner abhinge.

So saß unser Vater nur wenige Tage in einem Verlies, u. a. mit dem Österreicher Schuschnigg zusammen, dann kam er frei, und der Major tat ein übriges, er beurlaubte ihn zum Medizinstudium, das er nun in großer Hast betrieb, indem er zwei Semester in einem bewältigte.

Ich selbst stand vor der Aufgabe – wovon sollen wir leben, Berufsverbot für meinen Mann, ich selbst in Umständen. Da wir beide genau wußten, daß unser Schicksal immer geführt wird, es also keine Zufälle gäbe, hatte ich nur die Augen offen zu halten, woher und wie mir wohl Hilfe zuteil werden würde. Vierundzwanzig Stunden nach dem so sonderbar verlaufenen Geburtstag sah ich auf der benachbarten Wiese ein wunderliches Gespann: ein kleines Auto vor einem Wohnwagen, deutlich Eigenbau, fast wie ein alter Zigeunerwagen. Ich ging hin und fand ein Ehepaar, das gewillt war, seine Heimat nunmehr in diesem Wagen zu sehen. Sie waren aus dem Baltikum geflohen, weil dort »doch bald alles drunter und drüber gehen würde«, und auf dieser Wiese gelandet. Landsleute! Ich lud sie ein, bei uns zu wohnen, und sie blieben viele Jahre; weil der Mann Tbc hatte, gab ich ihnen mein Zimmer, das etwas abseits lag, so daß sie mit allem Gerät sich leicht allein versorgen konnten. Sie wurden uns Freunde und halfen uns durchzustehen. Fast ebenso »zufällig« kamen noch ein paar Studentinnen ins Haus, drei, die Marianne hießen. Mit den Rigaer Freunden und den Mariannen begann mein Köchinnendasein, kaum fünf Tage von der Geburt des jüngsten Kindes unterbrochen.

Die Pflegekinder

Es war eine finstere Nacht, dreiundzwanzig Uhr, da läutete es, und vor der Tür stand ein Bürschlein von neun bis zehn Jahren, Gesicht und Hände in weiße Verbände gehüllt, neben sich einen Koffer. In dem Koffer lag ein Brief, die Mutter hatte gehört, ich hätte »ein Herz«, so vertraue sie mir ihr Söhnchen an, da sie verfolgt werde. Bald darauf brachte man sie in ein Konzentrationslager, und als der Krieg vorbei war, hat diese begabte und musische Lehrerin eine Verdunkelung der Seele erlitten und lebt seither in einer Anstalt. Das Kind hatte eine Allergie und wurde schnell gesund gepflegt, es wurde bald eins der unseren.

Bis zu dem Tag, als die Gestapo ihn ausfindig machte und kurzweg abholte. Ich war gerade nicht daheim. Außer mir vor Zorn nahm ich am nächsten Tag mein verpöntes goldenes Mutterkreuz, aus erster Ehe hatte ich ja noch zwei Kinder, und fuhr damit nach Freising, weil es hieß, dort würden die arischen Kinder von »entarteten« Müttern »umgeschult«. Ich trat mit erhobenem Arm an den Wachen vorbei ins Gelände, das Mutterkreuz funkelte an meiner Brust. Welch guter »Zufall«, die erste Tür, die ich öffnete, war ein Turnsaal, dort stand mein Michael, dünn und mager in seinen Shorts, und sollte boxen lernen. Der große Junge vor ihm schlug kräftig zu, und der kleine wehrte sich nicht. »Mutterkreuz funkele, signalisiere Autorität!« Ich packte den Kleinen an der Hand und zog an den grüßenden Wachen vorbei auf den Bahnhof. Sie haben es nicht noch einmal versucht, ihn zu holen. Später ist der Bub Heilpädagoge in England geworden, und als ich 1980, also fast 40 Jahre später, meinen achtzigsten Geburtstag feierte, stand ein schlanker Herr mit kleiner Glatze vor der Tür – »ich bin Dein Michele.«

Ebenso unerwartet schneiten uns die Zwillinge und ihr jüngerer Bruder ins Haus. Sie hatten kanadische Pässe, und ihre Mutter mußte eine Internierung befürchten, so »versteckte« sie die drei Kinder bei uns, erfolgreich durch den ganzen Krieg. Und wir bekamen von ihr, da sie in der »Reichsstelle Chemie« verpflichtet war, Inertolscheine (das ist eine kostbare Flüssigkeit, die die Bauern notwendig für ihre Silos brauchten), mit denen wir im Tauschwege ein Häuschen bauten, als wir vor den Bombennächten aufs Land zogen.

Die drei spielten eine große Rolle in unserer Kinderstube, besonders durch ihre Musikalität. Der kleine Bruder half sich über die karge Kriegszeit, indem er beim Bauern Kühe hütete und reichlich »Brotzeit« bekam. Fleißig war er der erste, der aufstand und an die Arbeit ging. Mit den zwei Mädchen und den meinen bildete sich ein Gesangsquartett, das an dörflichen Festen, begleitet von einer Flöte, Volkslieder sang. Im Dorf wurden sie »die Pfeifergirgl vom Ried« genannt. Auch die Zwillinge wurden später Heilpädagogen und der Bruder Lehrer.

Für alle diese Kinder engagierte ich einen älteren Studienrat, der von den Nazis entlassen war, und der unterrichtete sie in allen Fächern, so daß sie mit erstaunlichen Kenntnissen nach dem Krieg in den Schulen ankamen. Natürlich wurde mir der Studienrat verboten, ich radelte zwölf Kilometer zur Kreisleitung und erklärte, ich könne auf den Mann nicht verzichten. Warum nicht? Weil er zu alt ist, um den jungen Mädchen zu nah zu treten, was wohl bei einem beurlaubten Frontsoldaten nicht zuträfe, wie vorgeschlagen worden war. Beharrlichkeit kannten die befehlsgewohnten Obrigkeiten nicht. Der Lehrer durfte bleiben. Es kamen auch Revisionen, und jedes Mal sprang eines der Kinder aus dem Küchenfenster und raste ins Dorf, ein Hitlerbild zu leihen, das notwendig im Schulzimmer hängen mußte.

Ein Schützling der Fürstin E. wurde unser nächstes Pflegekind. Seine Mutter war jüdischer Herkunft, der Vater ließ sich aber scheiden und beraubte damit die Mutter ihres natürlichen Schutzes. Sie mußte untertauchen. Die Fürstin suchte das Kind zu retten und bat uns, es aufzunehmen. Bobbi war ein rechter Schatz, wie einer unserer Buben vier Jahre alt; ich kleidete sie als Zwillinge, der eine dunkles Haar und Haut, der andere strohblond und blauäugig. So wuchsen sie miteinander heran. Aber die Rassengesetze waren gegen mich. Der Vater heiratete durch Vermittlung eine Kindergärtnerin, und die neue arische Mutter kam, das Kind zu holen. Bobbi hatte eine kleine Grippe, und ich sagte, er sei nicht reisefähig. Aber das war der Dame einerlei, Hauptsache, sie hatte das Kind und damit alle Erleichterungen, die Mütter damals genossen. Ich setzte Bobbi auf eine Truhe im Badezimmer und wusch seine heißen Füßchen, ins Waschwasser floßen meine Tränen. Da beugte sich der Wicht zu mir und flüsterte: »Weine nicht, Mutti, ich bleibe doch Dein Kind.« Immer wenn er mich jetzt mit Frau und Sohn besucht, betrachten wir auch die Truhe, auf der er damals saß. Seine Mutter fand einen guten Menschen, der ihr die Zeit überleben half. Von ihrem Versteck sandte sie ein selbstgemaltes Bildchen, das ein himmelhohes Schloß zeigte, zu welchem ein Ritter auf einem weißen Zelter emporreitet. Bobbis ganze stille Sehnsucht war mit diesem Bilde verbunden, »es ritt ein Herr zum Schlößli auf einem weißen Rößli«. Fast wurde das ein Abendgebet. So zerriß denn auch die Stiefmutter das Bildchen und damit auf alle Zeiten die

Bande, die sich zwischen ihr und dem Jungen hätten bilden können.

Noch zwei junge verfolgte Menschen kamen in unser Haus. Meine älteste Tochter war im land- und forstwirtschaftlichen Einsatz in Ostpreußen. Von dort schrieb sie, eine Vogtstochter hätte sich in einen der dort arbeitenden französischen Kriegsgefangenen verliebt und erwarte ein Kind. Da aber herrsche Kriegsrecht, und die Strafen für das sogenannte »fraternisieren mit dem Feind« wären undenkbar hart, ja gingen wohl ans Leben. Meine Tochter würde mir diese Ella schicken, damit sie in Ruhe! ihr Kind austragen könne. Auf mein Telegramm hin setzte Ella sich auf die Bahn, merkte aber bald, daß man hinter ihr her war und wechselte geschickt den Zug. So kam sie bei uns an, wurde ordnungsgemäß gemeldet und half im nun schon übergroßen Haushalt. Aber die Behörden schliefen nicht, ich wurde zum Kreisleiter zitiert und dort befragt, woher denn die minderjährige Ella ihr Kind habe. Oh ja, ich wüßte es sehr gut, hätte aber mein Wort gegeben, es nicht zu verraten. Nun, sie drängten weiter, gleich drei auf einmal, und so stotterte ich mein »Wissen« heraus, der Kindesvater sei ein großer Bauer, dessen Ehe durch diesen Seitensprung in Gefahr käme, es seien auch Kinder da. Sollte ich die alle ins Unglück stürzen? Ich muß sehr überzeugend gelogen haben, sie ließen es dabei bewenden, und Ella bekam nach einiger Zeit einen kleinen Franzosensohn, mit welchem sie nach dem Kriege in die DDR zu ihren Eltern zog.

Das andere Mädel kam und blieb bis zum heutigen Tage mein Kind. Sie war mongoloid, und ihre Mutter – meine Schulfreundin – flehte mich an: rette mein Kind, es ist »zur Behandlung« befohlen, und ich wüßte ja, was das heißt. Ich ging zu dem Psychiatrie-Professor und Klinik-Leiter in München und stellte mich als Kollegentochter vor. Er möge mir doch bitte ein Zeugnis schreiben, daß die Bärbi bei mir ein hauswirtschaftliches Pflichtjahr absolvieren könne. »Wissen Sie, was ich riskiere«, sagte der Professor. Ich antwortete, oh ja, ich wüßte, daß man Leben nur retten könne, indem man Leben riskiere, und ich hätte in diesem Falle die größere Bürde zu übernehmen. Ehre dem Professor, er hat das Zeugnis geschrieben, und ich behielt Bärbi statt *einem* Pflichtjahr *fünf* Jahre, bis sie wieder zu ihrer Mutter konnte.

Da Kinder ihrer Art sehr gelehrig sind, wurde ihr die Zeit bei uns zum Segen, weil sie ihr späteres Leben auf dem Gelernten aufbaute. Aber es gab natürlich Scherben und Tränen und so nette Verwechslungen, als sie die emsig gesparten Zutaten wie Eier und Quark zu einem Kuchen mit Gips statt mit Mehl anrührte! Als ich zur Entbindung fünf Tage in der Klinik war, telefonierten wir miteinander: Nimm x Liter Wasser, x Löffel dies, x jenes. Einfache Menüs. Unsere getreueste Hilfe, die berühmte Tina, lag damals im Krankenhaus. Bärbel war die fünf Tage allein mit all dem unübersehbaren Haushalt. Heute steht sie mit vielen Gebresten ihren Mann in einem ganz selbständigen Leben.

All diese Pflegekinder lebten mit uns in Wechselwirkung von Helfen und Geholfenwerden. Manche der Eltern konnten nichts, manche ausreichend zahlen, alle halfen mit, wo man anpacken mußte. Es wurde gesungen, gespielt, ernsthaft Schule gehalten, es gab Erziehungsprobleme und Probleme mit den Eltern; über allem waltete der Krieg mit seinen Schrecken und Bombennächten.

Blicke ich zurück, so sehe ich den Segen, der über uns lag; es bildete sich Liebe, Zuneigung und Vertrauen, es bildeten sich Charakter und Verstand, denn neunzehn Kinder lernen es, sich aneinander abzuschleifen und oft zu lebenslanger Beziehung heranzuwachsen.

Nazizeit bedeutete auch verschwiegen sein! Wir hatten ein gelbes Plakat, das ich mal aus einem Eisenbahnwagen hatte »mitgehen« lassen: *Achtung, Feind hört mit!* Das hing an

156

der Wand und sollte hier die umgekehrte Wirkung haben, nämlich, wenn Fremde ins Haus kamen, nichts von unserer Gesinnung auszuplaudern.

So war diese Zeit gemeinschaftsbildend für uns geworden, und heute, nach vierzig Jahren, ist manche Begegnung von damals noch lebendig.

Das Behelfsheim

Die Kinderschar wuchs, wir hatten nun sechs eigene und
dreizehn Pflegekinder, und der ständige Bombenalarm
machte das Leben sauer. Ich hörte, man dürfe ein Behelfsheim bauen, ein doppeltes für Kinderreiche, und auch die
Gutscheine für Baumaterial gäbe es. Ich ließ mir den Plan
geben: zwei Stuben, eine Küche, alles winzig klein und eng.
Was war einfacher, als Planpapier zu nehmen und die
Wände um ein paar Meter hinauszuschieben, so viel Drei-
stigkeit würde keiner erwarten und also auch nicht kontrol-
lieren.

Wir haben es gebaut. »Unsere« Bäuerin verkaufte uns
drei Viertel Morgen Land, eine Wiese voller alter Bäume,
Ulmen, Ahorne und vor allem Kirschbäume. So hieß nun
das Grundstück der »Kirschgarten«. Ein 70 jähriger Zim-
mermann übernahm die Bauleitung, alle Kinder und unser
Vater hoben das Fundament aus. Einen Keller wollte ich
auch, für den zog ich Eisenteile vom Schuttplatz zum Beto-
nieren. Die Kellertür lag unter einem alten Mähmaschinen-
messer, und die Decke hat bis zum heutigen Tage gehalten.
Die Ziegel waren nach dem ursprünglichen Plan bemessen,
da mußte man Überredungskünste anwenden, um fast das
Doppelte zu bekommen. Das Holz für Türen, Fenster und
Dachstuhl tauschten wir gegen Inertolscheine, und das Glas
gegen Kaffee und Tabak, da eins unserer Kinder Schweizer
war und solche Pakete bekommen konnte.

Alles war fertig bis auf die Dachziegel, die 70 Kilometer entfernt in einer Ziegelei ausgeteilt wurden. Ich radelte dorthin. Ein Prachtbau der Verwaltung, darin drei Beamte in weißen Kitteln und ein Chow-Chow, der einen Lehnstuhl für sich hatte. Vor diesen Beamten standen zwei Ehepaare mit Tränen in den Augen: es hieß, ab heute gibt es keine Dachziegel mehr, oberster Befehl. Ich blieb still an der Türe stehen. Die Ehepaare flehten vergeblich und fuhren davon. »Und was wollen Sie«, herrschte mich der eine Weißrock an. »Das gleiche wie die, aber abweisen lasse ich mich nicht.«

Es dauerte eine Stunde Hartnäckigkeit, da hatte ich die geforderte Anzahl Dachziegel zweiter Wahl, unter der Bedingung, sie heute noch zu holen. Da wußte ich einen, der zwar ein Limit für 50 Kilometer hatte, aber 70 Kilometer heimlich und mit Glück schon schaffen würde, und er tat es, wobei unser Tabak auch eine Rolle spielte. In tiefer Nacht kam er an, alle Kinder waren wach, auch die Vierjährige, und reichten von Hand zu Hand in einer Kette die kostbaren Dachsteine herab. Da das Haus an einen Hang gebaut war, konnten wir die Schräge nützen, um einen Waschraum und Vorplatz anzulegen, eine Dachkammer für zwei bis drei Betten ergab sich noch dazu. Die rohen Wände standen fertig da, Fenster fehlten noch, es war eine kalte Nacht. Wir wohnten alle bei unserer getreuen Bäuerin in großer Enge. Da vermißten wir eines Abends die Jüngste und die fünfjährige Pflegetochter Jolli und fanden nach langem Suchen die beiden kleinen Ausreißer fest schlafend in dem Rohbau, weil sie »die ersten sein wollten«, die in dem Haus wohnen!

An Weihnachten wurde alles fertig, nur die Treppe zu den Wohn- und Schlafräumen vom Küchentrakt aus fehlte noch und wurde durch eine Hühnerleiter ersetzt. Da krochen wir alle hinauf, der Vater las das Weihnachtsevangelium, und das Bäumchen hatte echte Kerzen; das schönste Weihnachten der ganzen Kriegszeit.

In dem Haus in der Stadt wohnten inzwischen allerlei Freunde, die durch Bomben kein Zuhause mehr hatten. Als der Krieg vorbei war und die amerikanische Besatzung einzog, verließen sie das Haus, und die Amerikaner hefteten an die Haustür ein Besetzungsplakat. Dieses sah unsere treue Tina, die zu Fuß die fünfzig Kilometer in die Stadt gelaufen war, nach dem Rechten zu sehen. Sofort machte sie kehrt und kam nachts halbtot vor Müdigkeit im Kirschgarten mit dieser Hiobsbotschaft an. Ich setzte mich aufs Rad und traf am Hause ein, ehe die Quartiermacher unterwegs waren, und riß das Plakat ab und sah ein wenig spöttisch aus dem Fenster, als die Truppe sich in den Häusern verteilte, die ein solches Plakat hatten. So konnten wir auch gleich nach dem letzten Kriegstag in unser Stadthaus ziehen und die Kinder alle die regulären Schulen wieder besuchen.

Viel später nahm das Leben andere Formen an, wir mußten den heißgeliebten »Kirschgarten« aufgeben, und uns blieb nur die Erinnerung an ein siegreich durchlebtes Geschehen.

Der weiße Major

Der Zweite Weltkrieg war zu Ende. Wer erinnert sich nicht an die verbrannten, zertrümmerten Häuser, die sich zwischen den unzerstörten wie ein ewiges Menetekel auftürmten? Ach, laß die Häuser, wer war noch da von den Menschen, den Freunden, den nahen und fernen Nachbarn? Wen würde man vergeblich suchen? Gleich zu Gleich, so fing man an sich zusammenzufinden.

Hier, mitten in München, suchten die Schwabinger die Schwabinger; die Kinder ihre Eltern; die Evakuierten die Dagebliebenen; die Flüchtlinge aus Schlesien, Pommern oder Ostpreußen ihre Landsleute. Und wir: unsere baltischen Heimatgenossen, die in schier endlosen Trecks eingesickert waren in das nun geteilte Deutschland.

In München kam bald eine Nachricht an die Baltenflüchtlinge und an ihre schon lange ansässigen Landsleute, sie sollten sich da und da zu einem Treffen einfinden. Es gab eine Gaststätte in der Innenstadt, deren elegantere vordere Hälfte nur mehr ein Schutthaufen war, die im Hof aber ihren Betrieb emsig in Gang hielt und für solche Begegnungen in ihrem Dämmerduster sehr geeignet war.

Bei sehr dünnem Kaffee an den schweren hölzernen Tischen fingen wir an, einander zu mustern. Bald summte der ganze Raum von bitterernsten Gesprächen, aus denen spitze Jubelrufe des Erkennens aufblitzten. In einer Ecke saß sehr aufrecht eine große alte Dame. Eigentlich saß sie nicht, sie residierte. Sie hatte viele, viele Landsleute während der Flucht gesehen, sie gab Auskunft, sie stellte Fragen, sie war schnell eine Art Mittelpunkt. Ich kannte sie nicht, aus ihrer Aussprache tippte ich auf Kurland, den südlichsten Teil unseres Baltenlandes.

Zum Schluß kannte nun jeder jeden oder erkannte ihn wieder, alle zogen erfrischt und angeregt in ihre Quartiere, die sie meist bei Freunden oder Verwandten gefunden hatten.

Die alte Dame blieb in ihrer Ecke auf der groben Bank sitzen. Ich fragte: »Wohnen sie weit?« »Nein, ich wohne nirgends, ich darf ein paar Nächte auf dieser Bank hier schlafen.« Das sagte sie ganz fröhlich, als hätte sie ein Zimmer im Grand Hotel bekommen. Ich war entsetzt und nahm diesen urigen Menschen – wie sich herausstellte tatsächlich aus Kurischem Adel, Fräulein von Dittmar – sofort mit zu uns.

Wir hatten ein eigenes, aber sehr volles Haus. Außer Pflegekindern und Pensionären, Hauslehrer, Köchin und der treuen alten Kinderfrau waren wir selbst acht Personen in der Familie, der Eßtisch stand im bisherigen Luftschutzkeller, und es gab kein Zimmer, in welchem nicht geschlafen wurde. Aber für »Tante Ditta« war sofort Platz vorhanden. Tante Ditta, das wurde sie vom ersten Abend an fürs ganze Haus. Tante Ditta hatte auch für mich einen Namen, sie sagte »Frau Doktorchen« zu mir, obwohl mein Mann der Doktor war und das Diminutiv wohl auch kaum zu mir paßte. Sie fügte sich so ein, als wäre sie immer schon bei uns gewesen. Sie half uns auch, ging aber, wenn möglich, arbeiten, wobei sie oft ausgenutzt wurde. So sollte sie in einer Familie bei der Ernte helfen, und man mutete der Siebzigjährigen zu, bis ein Uhr nachts Quitten einzukochen, weil »die Flüchtlinge ja froh sein sollten, im Warmen zu sitzen«.

Eines Tages kam Tante Ditta auf Zehenspitzen geheimnisvoll zu mir: »Frau Doktorchen, ich fand zwei Kosaken, die bei großer Kälte im Englischen Garten schlafen und tags versuchen in der Möhlstraße etwas zu verdienen (Möhlstraße war das Schwarzhandelszentrum der Stadt). Wir müssen sie unbedingt aufnehmen, ganz unbedingt. Es sind so gute, anständige, ältere Männer.«

Große Beratung! Dann packten wir an, es war gerade Karfreitag, auch die Schulkinder waren zu Hause. Auf dem Dachboden gab es einen langen, schlauchartigen Schrägraum. Er hatte ein Fensterchen, eine Innenwand, als Außenwand die Dachbalken und war vorne offen. Der Hauslehrer kannte einen Mann, der Preßplatten verkaufte, respektive tauschte. Die Jungens preschten mit dem Handkarren los, es fand sich Tauschware im Haus, etwas Speck, Zigaretten, eine Flasche Branntwein. Wir bekamen so reichlich Platten, daß wir sogar eine Tür zustande brachten. Bis tief in die Nacht wurde gesägt, gehämmert, gemessen, beraten, verworfen und neu begonnen. Das »Karfreitagszimmer« war zwar ein Schlauch, aber vier Betten konnten wir hineinstellen und dafür ein Kinderzimmer frei machen, in welchem es einen Waschtisch und fließend Wasser gab, damit die Kosaken sich wohnlich einrichten und selber kochen könnten. Nun mußten noch Betten gezaubert werden, manches Bettgestell besaß zwei Matratzen, auf manchem gab es eine Decke zu viel. Sofakissen waren sowieso überflüssig, sogar Bilder und Spiegel fanden sich ein. Dann fuhr Tante Ditta in die berüchtigte Möhlstraße und brachte die beiden neuen Hausgenossen mit. Der Kosak Molostow war klein, dunkel, sah wie ein altes Äffchen aus und erwies sich als der ausgekochteste Schwarzhändler. Er brachte in den Zwei-Männer-Haushalt alles herbei, was wir schon lange nicht mehr kannten, Speck und Schinken, Kuchen und Wein. Kosak Zotow aber suchte Arbeit, und die konnten wir ihm bei einem uns befreundeten Fabrikherrn vermitteln. Ich sage es schon jetzt – er bewährte sich, konnte nach Jahren seine Familie aus Paris nachholen und wurde ein gemachter Bundesbürger.

Molostow erzählte uns, wo sie herkamen. Vor den Bolschewisten nach der Revolution 1920 aus Rußland geflohen, wie Tausende mit ihnen, darunter auch viele Kosaken, waren sie nach Paris gekommen. Dort und in Berlin-Charlottenburg waren die Zentren der dem Zaren getreuen Emigranten. Es ging ihnen meistens gut, russische Kochkunst, russische Musik, russisches Handwerk waren Lebensgrundlage für viele. Alle aber wollten heim, wollten ihr Vaterland vom Kommunismus befreit wissen, so jubelten sie in naiver Ahnungslosigkeit, als Hitler gen Rußland zog. Im Nu bildeten sich regelrechte russische Armeen, die sich Hitlers Heeren anschlossen. Ihm konnten die tapferen und zu allem entschlossenen Kampfgenossen nur recht sein.

Als 1945 alles zusammenbrach, kam eine besondere Katastrophe über diese weißrussischen Truppen. Die im Süden – Balkan, Italien, Österreich – wurden von den Siegermächten skrupellos den Bolschewisten ausgeliefert und kamen so – wohlgemerkt nach Kriegsende – zu Tausenden um. Die im Norden wurden von der amerikanischen Besatzungsmacht in ein Lager in Niederbayern gesperrt und als Kriegsgefangene behandelt. Der Hunger hinter dem Stacheldraht war groß. Ein Major, »unser Major« wie Molostow sich strahlend ausdrückte, fand einen Ausweg. Er ließ die geschickten Gefangenen russisches Holzspielzeug herstellen. Gebildet und sprachkundig, vermochte er den amerikanischen Kommandanten zu überzeugen, daß er im Tausch für diese Holzpferdchen, klappernden Vögel und Bären und ineinander zu steckenden Holzweibchen Lebensmittel beschaffen könne. Aber dazu müsse er das Lager verlassen dürfen. Die Amerikaner, die inzwischen alle älteren Jahrgänge, wie unsere Kosaken, entlassen hatten, erlaubten dem Major, mit dem

Spielzeug hausieren zu gehen. Durch diesen Vertrauensbeweis kam nun Fett und Brot, es kam wirkliche Nahrung in das Lager. Unermüdlich fuhr der Major von Dorf zu Dorf, auch in die Städte und auf die Gutshöfe.

»Wie heißt denn euer Wohltäter?« fragte ich den alten Molostow. »Tscheremissinow, Fürst Wladimir Tscheremissinow«, sagte er und konnte dann seine Augen nicht von meinem Gesicht wenden. Wladimir, Wowa, wie wir ihn nannten, er lebte?! Er, der letzte Nachkomme der einmal so großen Familie meiner Mutter, er, der Vetter aus St. Petersburg, der glanzvollen Stadt, Vetter Wowa, der sehr still und scheu unseren Spielen zusah, der im höfischen Zeremoniell erzogene Stadtjunge, der unsere ländliche freie Balten-Jugend wie ein Wunder betrachtete.

Meine Mutter hatte vier Brüder, aber diese hatten alle Töchter und wir kannten also lauter fremdartige, brave Cousinchen mit straffen Rundkämmen im Haar und weißen Rundkrägelchen auf dunklen Kleidern. Nur der älteste Bruder hatte einen Sohn, eben Wowa, dessen Schul- und später Kadettenuniform wir bewunderten. Er sah in uns die Urbilder der Freiheit, der Ungebundenheit, der Etikettelosigkeit. Aber er sah auch in uns, seinen Cousinchen, die verwandten Herzen, die tiefverwurzelte Blutsverbundenheit. Dann brach seine Heimat in der Revolution 1917 zusammen, das neue Rußland schloß sich hermetisch ab. Wer lebte dort noch? Wer von unserer russischen Verwandtschaft entging dem Massenmord? Wohl am wenigsten ein adliger Kadett. Auf keine Weise konnten wir Nachricht erhalten. Molostow mußte sofort ins Lager fahren und den Vetter herholen, sofort, schnell, es war so wichtig. Doch er meinte: »Der Major wird so bald nicht kommen, er darf nur in Nord-Bayern sich frei bewegen.« Aber er fuhr doch los und kam mit einem Briefchen von Wowa zurück. Welch ein Liebesbriefchen war das! Welch ein ernstes, frohes, ein so beglücktes Liebesbriefchen. Dreißig Jahre war es her, daß er in unserem baltischen Heimathause war, das auch ich mittlerweile verloren hatte. Dreißig Jahre seit wir unsere Mutter über ihre und Wowas Familie befragten und dann unsere Mutter neckten: »Auch Du könntest jetzt Zarin sein, wenn die Bojaren, statt Michael Romanow einfach Deinen Ahnen gewählt hätten.« O, es sollte uns nur zu bald bewußt werden, welcher Fluch auf solcher Herkunft lasten kann. Hatten die Bolschewisten nicht jetzt nach dem Zweiten Weltkrieg ebenso wie schon nach dem Ersten und in den der Revolution folgenden Jahren oft und unmißverständlich ihre grausame Hand an Adel und Intelligenz in der Emigration gelegt. An Menschen, die sich hier im Westen sicher zu fühlen glaubten?!

Ich antwortete Wowa natürlich sofort und wartete nun auf ihn selbst. Wie gerne wäre ich zu ihm hingereist. Aber wie hätte ich diesen riesigen Haushalt verlassen können?!

Nach einigen Wochen kam der alte Molostow von einer seiner Wanderfahrten heim. Statt wie sonst die lustigsten Geschichten zu erzählen, setzte er sich zu mir in die Küche und weinte wie ein Kind. Was war geschehen, Molostow, was ist los? Molostow sprechen Sie, reden Sie! Kosak Zotow kam hinzu, auch er weinte, das war wohl fast zu viel, was habt ihr nur?

»Die Roten haben unseren Major ermordet, unser Major ist tot.« Mit Mühe entzifferte ich aus ihrem Gestammel folgendes: Wowa hatte ein einzigartiges Angebot bekommen, für wenig Spielzeug geradezu märchenhafte Mengen von Schinken, Wurst, Brot und Zucker. Als Bedingung: Direkt an der Zonengrenze, damals noch ohne Mauern und Zäune. Wowa hatte diese geschickte Falle nicht bemerkt, an den Spuren sah man später, wie sehr er sich gewehrt hatte.

Man fand ihn grausam erhängt an einem Baum, der mit Krone und Wurzeln in beide Teile Deutschlands hineinragte. Unter dem Baum verstreut und zertreten die lustigen Holzpuppen und Tierchen, rund herum einsame Stille als Requiem für den letzten Namensträger eines großen Geschlechtes.

Gärten

Eine lange Mauer an einem Bauplatz. Ich darf an ihr entlang einen Garten anlegen. Wieder auf Stein und Schutt wie ein Jahr vorher in Sofia, Bulgarien. Dort war nichts gewachsen, und die Versetzung nach Polen ist nun ein neuer Beginn. Der Bauplatz grenzt an den Garten des Generalkonsulats, wo ich Maulbeerbäume und Schattengewächse vorfinde, aber kein Land zum Bebauen. Es ist ein sonderbares Erbe in mir (kommt es vom Urgroßvater, dem Rosenzüchter?), ich bin erst richtig heimisch, wenn ich die Erde berührt und in sie etwas hineingepflanzt habe. Zu einer Ernte auf den sauberen Reihenbeeten ist es dann nicht gekommen. Das Haus, in welchem mein Sohn geboren wurde, der schattige Garten und der lange Bauplatz wurden verlassen, Wege trennten sich, und Trauer sowie altgriechische Wehklagen waren das Ende.

Ich zog nach Schloß Großdorf und übernahm dort Verantwortung, Pflichten und Freuden mit den beiden lieben alten v. S.. Der Park war riesig und grenzte an die Obra, an derem anderen Ufer Polen und ein großes Dorf lagen. Abends oder am Sonntag hörte man von dort Kindergeschrei über das Wasser, denn dann kamen die Väter heim und brachten ihren Nachwuchs zur Raison, wie es sich gehört. Im Park direkt am Wasser war eine kleine Wiese, dort legte ich einen Pflanzgarten an, Kastanien, Eichen, Birken, Tannen und Wacholder, wieder alles in Reih und Glied, wie damals das Bedürfnis nach Ordnung in mir es verlangte. Der Tod des Generals v. S. machte dem ein Ende, das Anwesen wurde verkauft, und meine schon meterhohen Bäumchen blieben sich selbst überlassen. Vielleicht sind sie heute ein Wald in der DDR.

Ich wurde Oberin in einem bekannten Schwarzwaldsanatorium. Trotz der vielen verwöhnten Patienten, dem Chef und dem Personal, war wieder unwiderstehlich der Drang nach Gärtnern in mir. Ich bekam hinter dem Hauptgebäude einen schmalen, langen Streifen, zeichnete diesen auf Papier und trug Pflanze für Pflanze, alles, was dort für die Patienten blühen sollte, als Kreise, Punkte und Striche säuberlich ein. Dann ließ ich die Gewächse und Würzelchen kommen, pflanzte sie mit Hilfe des Hausmeisters ein und wartete auf ihr Erblühen.

Aber ich habe es nicht mehr gesehen, mein Onkel gab mir die Möglichkeit, ein eigenes Sanatorium zu gründen, und auf seinem Zauberteppich landete ich im Erzgebirge. Dort breiteten sich vier Hektar Park über Hügel und Wiesen, eine hieß die Margeritenwiese und war im Sommer schneeweiß von ihren lichten Sternen. Und hundert Rhododendren bedeckten rosa, lila und blau die Hänge. Hier mähte ich das Gras für das Pony, und die Sanatoriumskinder wurden rotbäckig und gesund, wenn sie das Heu wendeten und sich darin herumkugelten. Früh ritt ich durchs Gelände und war mehr noch als Gärtner ein Verwalter und Heger.

Und dennoch ging auch diese Zeit zu Ende, das Sanatorium wurde nach Dresden verlegt, und hier war der Garten einfach nur schön, übersichtlich und voll blühender Bäume. In der Nachbarschaft gab es ein Radio, und das tönte wie durch die Nase gepreßt fünf Mal täglich: »Hier Berlin, Stettin und Königswusterhausen«, die Patienten in den Liegestühlen hielten sich die Ohren zu. Mir war es gleich, ich war glücklich. Der beste Mann der Welt kam jede Woche nach

Dresden. Und ehe ein Jahr verging, zogen wir gemeinsam in eine Berliner Wohnung, im vierten Stock und ohne Garten, aber es gab einen Balkon, und auf ihm rankten rotblühende Bohnen und sprang unser Kätzchen umher. Als zu dem Kätzchen noch drei Kinderlein da waren, wechselten wir Wohnort und Klima, wir zogen nach Bayern, und dabei sind wir geblieben.

Der erste bayerische Garten war ein Schrebergarten, und zum ersten Mal kam das soziale Element der Mitgärtner rund umher in mein Säen und Ernten. Eine Laube, eine Kinderschaukel, Glockenblumen und eigene Kartoffeln. Noch war ich bei der schnurgeraden Einteilung, noch immer nicht in mir so frei, das Lineal zu entbehren.

Auch hier kam das Schicksal, es wurde uns ein Haus in München geschenkt, in der Mitte des Gartens eine große Eiche und eine dichte Thujahecke zur Nachbarschaft. Nun waren wir Hausbesitzer, und die Kinder konnten sich innen und außen tüchtig bewegen und regen. Diesmal pflanzte ich Kräuter, und der Duft ihrer Essenzen zog in die Fenster, kleine Beete mit Rübchen und Kraut gaben eine Illusion von Nützlichkeit. Wieder nicht lange, schon stand der Krieg, der Zweite, vor der Tür, und wir wurden durch die Bombennächte bald gezwungen, aufs Land zu gehen.

Die Fäden dorthin waren durch einen Onkel schon seit zwanzig Jahren geknüpft. Wir konnten ein halbes Tagwerk Land erwerben und später sogar ein Haus darauf bauen. Hier war nun zum ersten Mal der freie, wilde, natürliche Garten unter großen, alten Kirschbäumen, rund umher Bauernäcker und Wiesen und am Ende die Ausläufer von Wald und Moor. Wir pflanzten Beerensträucher, die Kinder hüteten die Kuh Audhumla im nahen Walde, die Ferkel hießen Odysseus und Penelope, das Gemüse wuchs, wo Platz war, und viele, viele wurden satt, denn nun waren es neunzehn Kinder (mit den sechs eigenen), alles Versteckkinder,

Ausländer, durch die Politik gefährdete, durch ihre Herkunft verfolgte. Als der Krieg vorbei war, schauten wir auf eine Zeit des Behütetseins und der Gnade zurück, denn wir überstanden in diesem einsamen, fast unsichtbaren Kirschgarten unversehrt die bösen Zeiten, trotz manchen stillen Kampfes und mancher heimlichen Not.

Ja, dann kam die gartenlose Zeit in Münchens Innenstadt, es war ein Steppenpfad, ohne Blumen, die Kinder aus dem Haus. Es war Beruf, Einsamkeit und Enge. Die den Musen verpflichtete Seele flüchtete ins Hobby. Es entstanden Skulpturen von Bären, Seehunden, Seiltänzern, Wartenden, Leidenden, von Märchengestalten und politisch Verfolgten. Die kamen alle aus einem inneren Garten, wo sie ein Leben lang als Lehmklumpen geruht hatten. Das war wie ein Übergang zum Umzug ins Rheinland – etwas völlig anderes, Neues. Wir sind wieder zusammen, ich bin ohne Beruf, ohne Pflichten als den gern getanen, kleinen, häuslichen, immer gleichen. Es gibt weder Säen noch Ernten, es ist steinern und laut in der Großstadt. Wer hätte erwarten können, daß mein Fuß je wieder einen Rasen betreten würde.

Es ist aber geschehen. Vor fast zwanzig Jahren lag der wirkliche, der unvorstellbar wirkliche Garten zu meinen Füßen. Uralt ist er, zerzaust von Jahrhunderten, bei wenig Pflege wild geworden und doch unter dem Nesselmantel zahm und schmiegsam. Und er ist wieder im bayerischen Land, dessen Sprache, Geruch und Gesicht seit jeher das Spiegelbild sind meiner östlichen verlorenen Kinderheimat. Hier gibt es große Rasenflächen von Blumen und Sträuchern locker umkränzt, hier gibt es urige Baumriesen, von Blitzen gezeichnet, und junge Bäume, die sich aus dem Samen der alten gebildet haben und sich selbst im Seerosenteich betrachten. Es gibt auf 4000 Quadratmeter keine Ecke, keine gerade Linie; sanfte Pfade gleiten gleichsam von einem blumigen Fleck zum anderen. Der Wald steht ringsumher mit seinen winkenden Zweigen und sich neigenden hohen Wipfeln wie eine ewig sich wandelnde Kulisse. So abgeschlossen ist der Garten eine Welt für sich, weder Sturm, noch Gift, noch Lärm, noch Unfrieden dringen ein. Und die Winter sind ebenso vielseitig mit den bayerischen Farben weiß und blau über allen Wipfeln.

Wird es wieder ein Garten für andere? Ich weiß es nicht, es ist auch einerlei. Wir pendeln in handlichen Abschnitten zwischen der westlichen Großstadt und dieser Oase hier. Es ist eine bestechende Vollkommenheit, das Altern kann nur noch in Reifen münden, wir haben vom Schicksal nicht nur für uns, sondern für alle »anderen«, die kommen wollen, diese Lebensform geschenkt bekommen. Ich bleibe ein Gärtner, und er, den ich immer noch seit 50 Jahren den besten aller Männer nenne, sagt ja dazu.

Káhe-wáhe

Káhe-wáhe ist ein estnisches Wort und bedeutet etwa »dazwischensein«, zwischen zwei Stühlen, zwei Lebenssituationen oder einfach zwischen zweien.

Da meine Mutter halb Russin, halb Engländerin war, mein Vater aber Balte, bestand schon bei meiner Geburt diese Teilung. Um mich sprachlich nicht in ein Durcheinander zu bringen, hat meine Mutter, als ich sprechen lernte, nur deutsch mit mir geredet, aber noch heute weiß ich nicht, welcher Sprache sich ihr Herz bediente.

Während der Schulzeit waren wir Kinder zwar völlig und nahtlos in die baltische Gesellschaft integriert, aber wir trugen Schottenmützen und handgearbeitete Schuhe, sprachen schon mit vier Jahren vier Sprachen und unterschieden uns sicher von anderen Kindern unserer Gesellschaftsklasse durch unsere freie Erziehung. Ich verband mich, ich kann sagen fürs Leben, mit der Freundesfamilie meiner Eltern. Ich habe bis zur Schulzeit nicht genau gewußt, ob meine Mutter oder die Tante Else mich geboren hatte. Ich stand einfach zwischen ihnen, leidenschaftlich die erste anbetend, zutraulich mich der Führung der anderen anvertrauend. Beide sind nun im Himmel und bleiben mir leuchtend im Bewußtsein.

Gespalten war auch von frühen Kindertagen an meine Stellung zwischen dem klug geführten, geordneten und friedevollen Zuhause und den Abteilungen der »Irrenanstalt«,

173

wo die Kranken ihre Angst, ihren Wahn, ihre sonderbaren Bewegungen, ihre phantastischen Erfindungen auslebten. Mein Vater war ein sehr großzügiger Anstaltsleiter und gab den gleichsam verzauberten Insassen eine relativ große Freiheit künstlerischer oder handwerklicher Erfahrungsmöglichkeiten, jeder Zwang und Drill fehlte. Das war meine Welt, ich ging immer allein dort hin und verbrachte viele Stunden täglich in der ver-rückten Gemeinschaft. Noch vor der Schulzeit hatte ich hier Lebensrätsel, unlösbare, zu erspüren.

Umnachtete, verhexte, aus allen Fugen geratene Seelen ziehen mich auch heute so an wie auf der anderen Seite die Weisen und Erhabenen.

Man nahm zu Hause viel Rücksicht auf mein Káhe-wáhe-sein. Die Eltern verreisten oft, und dann lief der Haushalt mit Personal und Erziehern in Ruhe weiter, ich aber wurde jedesmal »evakuiert«, mein Freundeskreis wurde auf diese Weise ein ganz anderer als der der Geschwister. Wen wundert es, daß ich auch hier dazwischen stand.

Mein Ideal war, Psychiater zu werden, aber als der Krieg 1918 vorbei war, wurden die Zeiten zu schlecht, und ich wählte den Beruf der Krankenschwester, um später eventuell als Oberin bei den geliebten Geisteskranken in unserer Anstalt zu arbeiten. Ich wurde in Berlin ausgebildet. Auch dort waren wir sieben oder acht baltischen Schwestern recht sehr zwischen zwei Stühlen. Wir erschraken über die Berufsauffassung der Kolleginnen: »Korrekter Dienst«, ohne Menschlichkeit, welcher wir noch tief verschworen waren. Dennoch machten wir die besten Noten der ganzen Examensriege.

Nach drei Jahren kam ich wieder heim und verlobte mich mit einem Reichsdeutschen, dem ich dann als Diplomatenfrau in verschiedene Länder folgte. Hier kam ich tausendmal in die Zwickmühle zwischen der baltischen ererbten Art und Lebensauffassung und dem uns fremden Wesen der Deutschen, speziell der Nachkriegszeit. Daran änderte, nach etlichen mühsam verbrachten Berufsjahren als geschiedene Frau, eine neue bis auf den heutigen Tag glückliche Ehe vieles. Aber die Generation der älteren Balten weiß, wir bleiben in Deutschland immer ein wenig fremd, zumal im Westen. Für mich ist Bayern die eigentliche Heimaterde geworden, weil die Menschen hier »uns« noch am ähnlichsten sind.

Káhe-wáhe auch in der Religion. Ich wurde aus russischen Gesetzesgründen griechisch-orthodox getauft, aber evangelisch erzogen und im wunderbaren Pastorat Haggers geradezu zum Protestanten gebildet. Während des Ersten Weltkrieges wurden wir und viele Freunde von der russischen Regierung nach Sibirien verschickt, weil wir das auch in unserem baltischen Volksschicksal verankerte Káhe-wáhe-sein alle miteinander verwirklichen mußten: hier die Verpflichtung dem Zaren, dem obersten Landesherren gegenüber zu loyaler Ehrlichkeit, dort die deutschen Kriegsgefangenen, die Unmenschliches erlitten, und denen nur wir, die Blutsbrüder, helfen konnten. Die Notleidenden gingen vor, und dafür gab es Verschickung nach Sibirien! Dort waren wir nun alle káhe-wáhe zwischen Barbarei und Entbehrung einerseits oder Vertiefung in Wissen und Bildung andererseits, so verlief gleichermaßen das Leben der Alten und der Jungen aus unserem Kreis. Einer schweren Erkrankung meiner Mutter, ihrer Beziehung zum Zarenhause und der Freundschaft mit dem japanischen Außenminister Graf Vicecount Motono verdankten wir eine »Begnadigung«, die uns erlaubte, uns in Japan niederzulassen. Dort kam ich als Siebzehnjährige ins Internat Sacré-coeur mit seiner auf biblischen Gesetzen errichteten Pädagogik und damit auch einem erstaunlich neuen Horizont der Frömmigkeit im Gehorsam.

Als ich nach vielen Jahren, wie erwähnt, zum zweiten Mal heiratete, geriet ich auf religiöser Ebene in eine total neue Welt hinein, die Welt Friedrich Rittelmeyers und Rudolf Steiners. Auch hier bin ich káhe-wáhe geblieben. Sind auch die Grundlagen mir geläufig, ja vertraut geworden – sobald ich eine baltische evangelische Andacht höre, einen alten Choral, bin ich verloren in einer Art Heimweh.

Als letztes gehört zum Káhe-wáhe-sein, jetzt im Alter, das doppelte Wohnen: In Pöttmes die Erde, diese treueste aller Freunde, und nichts als Land und Busch und Baum und Himmel und – Aufgaben, die nie abreißen, diesem allen zu dienen, sie schöner und voller und zur Heimat unserer Kinder zu machen. Und das alles in Eile, denn dort wartet die Großstadt! Zwar dominiert dort die Gemeinsamkeit mit dem liebsten Menschen, aber sonst nichts als Stadt und Lärm und Pflaster und ach! so fremde Menschen und ach! so fremde Gerüche und ach! so nichts zu tun, was das alles ändern könnte.

Ich habe dieses Doppelleben angenommen, mein Engel hats wohl so beschlossen: Du sollst »dazwischen und nirgends recht zu Hause sein«. Aber ich bitte mir aus, daß ich dereinst dort oben heil gemacht werde und an einem Fleck bleiben darf, genau dort, wo keine Wahl mehr ist, sondern ein Ankommen, eine Heimkehr.

Nachwort

»Der Kirschgarten ist verkauft, es gibt ihn nicht mehr, das ist die
Wahrheit, die Wahrheit, aber weine nicht, Mama, das Leben vor
dir, das ist dir geblieben, deine schöne, reine Seele ist dir geblieben... Komm mit mir, komm, meine Liebe, komm von hier fort,
komm!... Wir pflanzen einen neuen Garten, der viel schöner ist als
der hier, du wirst sehen, verstehen, und Freude, eine stille, tiefe
Freude wird sich in deine Seele senken, wie die Abendsonne, und du
wirst lächeln, Mama! Komm, Liebe! Komm!...«

(Anton Tschechow: Der Kirschgarten)

Diese Erinnerungen kann man zum Vergnügen lesen – ein
buntes Bilderbuch voller seltsamer, spannender, idyllischer
Geschichten; man kann sich dem Staunen oder der Trauer
über den Sauseschritt der Zeit, die Vergänglichkeit einer
zum Greifen nahen Epoche hingeben; man kann darüber ins
Nachdenken verfallen, was der Mensch sei, was seiner Person Kraft und seinem Leben Sinn gebe.

Mit dieser nicht gerade tiefsinnigen Feststellung und Einteilung nötige ich den Leser zu einem doppelten Experi-
ment. Er möge sich (erstens) fragen: Hängt nicht schon das
bloße Vergnügen von den kritischen Gefühlen und den
schwingenden Gedanken ab, die das Lesen dieses Buches
ständig begleiten? Man kann nicht in Carl Larssons »Haus
in der Sonne« spazierengehen und sich an hölzernen Truhen
und Eisenherden, an bemalten Waschbecken und Plums-
klos, an Spinnrädern und Petroleum-Lampen, an wehen-

177

den Gardinen und dem verwilderten Garten freuen, ohne zu
spüren: es sind unsere Elektroherde und WC's, die Kippfen-
ster und Neonröhren, die Schrankwände und pflegeleichten
Neckermann-Vorgärten, denen wir dieses Schau- und Erin-
nerungsglück verdanken. Ein Blick auf den Mittagstisch im
Pastorat Haggers:

> »Reiches Besteck, einfaches Geschirr, Blumen und gro-
> ße silberne Rubel, mit denen ein Sünder den Fleck auf
> dem Tischtuch bedeckt hatte, Geist und Witz, weiße
> Kleider, Hunde unterm Tisch, Gäste zu allen Zei-
> ten...«

ein Blick in die Speisekammer:

> »Da standen ganze Fässer, in denen die goldgelben
> Schellbeeren, die knusprigen Himbeeren und die grü-
> nen entkernten und mit Rosenblättern vermengten
> Stachelbeeren in ihrem Zuckersaft schwammen. Da
> hingen Schinken und Würste, da standen viele Zent-
> nersäcke mit Zucker, Grütze und Mehl. Da waren
> Lorbeerblätter und Rosinen in unvorstellbaren Men-
> gen. Daneben die Satten voll Rahm, die Buttertürme
> und Fettschüsseln ...«

und wir spüren: unser Entzücken ist eigentlich die Reaktion
auf den sozialisierten Reichtum unserer Tage, die Fertig-
mahlzeiten in der Tiefkühltruhe, die Kiwis aus Neuseeland,
die Angestrengtheit unserer heutigen Gastlichkeit ...

Hier erzählt einer – ohne Vermittler, ohne Prüfung, ohne
Filter – eine erlebte Zeit. Es wird von »Knechten«, »Mägden«, dem »Gesinde« gesprochen. Es ist »die Zeit der Gepäckträger«, der Zofen und Gouvernanten, der Exzellenzen,
Pröbste, Generalinnen (!), der Fiaker und Herbergen, der
Backfische und ihrer Cousins; da wird angespannt und eingekehrt; da heißen die Männer Eduard und Otto, die Frau-
en Hermine und Martha; da reist man nach Paris, um einzukaufen, und nach Portofino, um zu rekonvaleszieren;

da sagen die Jungen und Mädchen noch Sie zueinander!
Und eines Tages wird festgestellt:

> »Inzwischen hatten die Russen eine Revolution durch-
> gemacht und wollten nun den Krieg fortführen. Sie
> besetzten baltische Städte und mordeten ihre Bewoh-
> ner ...« (Das Feuer)

Am Ende war alles verloren:

> »Addila und das herrliche Dorpater Haus und die Hei-
> mat und natürlich auch das große russische Reich und
> der Deutsche Kaiser. Kurz: nichts war mehr, wie es
> gewesen war.« (Das Feuer)

Geschichte, wie sie den Menschen wiederfährt, nicht, wie sie
in den Protokollen des Weltgerichts steht. Und wieder weiß
der Leser: die Lust daran, die Politik unpolitisch zu sehen,
ist eine Folge der notwendigen und schmerzlichen Bewußt-
heit, mit der wir uns seit vierzig Jahren über die Lebensfor-
men und die Lebensphilosophie der Väter und Großväter
gebeugt haben.

Machen wir uns nichts vor: das Vergnügen an dieser erlebten und erinnerten Geschichte ist, daß wir sie ohne die
Last der Geschichtlichkeit geboten bekommen; buchstäb-
lich »vergegenwärtigt« in einer Person, einem unverwech-
selbaren, empfindungsstarken, lebenstüchtigen, ganz und
gar eindeutigen Menschen. Die Trauer um verlorene Welten, die auch aufkommt, ist in Erinnerungsfülle verwandelt,
in den Respekt für das Leben, das aus ihr lebt.

Das führt zum zweiten Teil des Experiments. Der Leser
möge sich (nunmehr) fragen: hängt nicht die Bereitschaft
(oder ist's schon ›der Drang‹?), über die Ursache von Lebenskraft nachzudenken (ein abgründig schwieriges The-
ma), mit dem Vergnügen zusammen, das ihm die Geschichten bereiten – mit ihrer Kürze und Leichtigkeit, mit ihrer
Spannung in sich und untereinander, mit der Anordnung
eines ganzen Lebens um die Pointen des Alltags, mit dem

mundus in gutta , das jedes hier erzählte Begebnis ist, mit dem so arglos von dem baltischen Seewald zum bayrischen Kirschgarten, vom eigenen Straucheln bis zum Fall Deutschlands unter den Nazis, von der Botschaft Jermaks zur Heilpädagogik gespannten Bogen, mit der entwaffnenden Kunstlosigkeit der Darstellung, mit der Treue zu sich selbst, die allein die Bezeichnung Wahrheit verdient? Nun erst ist man bereit und bereitet, sich der untergründigen Herausforderung zu stellen.

Wie besteht man diese schwierige Welt? Wer zeigt den Weg? Was hilft und heilt? – Seit Jahrzehnten, seit das Hitlerreich des Wahnsinns und Schreckens zu Ende gegangen ist, habe ich mir geantwortet: Treibe Aufklärung! Mach' Licht, und dein Weg wird sich zeigen! Vernunft hilft, Menschlichkeit heilt – und Vernunft ist Menschlichkeit, Menschlichkeit ist Vernunft, nichts anderes.

In diesem Buch – es ist eines von vielen seiner Art in unserer Zeit – wird eine ganz andere Antwort gegeben, eine Antwort, auf die immer mehr Menschen hören, an die sie, wenn nicht glauben, so doch glauben möchten. Das, wovon diese Antwort redet, hat keinen einfachen Namen (wie ›Aufklärung‹); es erscheint in vielfältigen Formen; es ist da, es kann verlorengehen und wiedergefunden werden, aber es ist nicht verfügbar; es läßt sich mitteilen, aber nicht in Begriffen. Die Begriffe sind wie die Schatten der Gestalten und Geschichten, in denen die Antwort steckt. Trennt man sie davon, sind sie leer, pompös, leicht zu mißbrauchen. Darum ist dies auch notwendig ein Nachwort. Nun hat der Leser die Geschichten schon in sich aufgenommen. Er wird mit den Wörtern, die ich daraus hervorhebe, das Bild aufsuchen, in dem sie stehen. Er wird nicht – was dieses kleine Buch überflüssig machte – aus diesen Wörtern einen Katechismus zusammenstellen; er wird die absichtslose Botschaft der Geschichten in ihnen noch einmal zusammenfassen: Heimat und Geheimnis, Verwandte und Verwandtes, Schicksal und Bewährung, Würde, Stil, Heiterkeit, Glaube (Pan Casimir Tausendschön).

Daß nur der Starke wirklich gut sein kann, ist eine alte, anfechtbare, ärgerliche Einsicht. Ich halte sie für wahr, denn der Schwache, der gut handelt und gut ist, hat seine Schwäche überwunden, in Stärke verwandelt. Wer sich der Schwäche und Armut (wie Stärke und Reichtum sind dies austauschbare Metaphern) überläßt, überwindet kein Übel, hat nichts zu geben.

Mit dieser Überzeugung scheint auch dieses Buch geschrieben, scheinen diese Geschichten erlebt zu sein.» Wirklich reich sein, heißt die Grenzen seines Besitzes nicht kennen ... So war meine Kindheit ohne Schranken«, aber auch, das Bild wechseln: »ohne Dunkel« (Schicksalsfaden). Es ist wohl die wichtigste Botschaft dieses Buches: Ein Leben, das so voller Not und Heimsuchung, Zerrissenheit (káhe-wáhe) und Mühsal war wie das der Nita Lindenberg, eine Welt wie die unseres Jahrhunderts, in dem sie 1900 geboren, zu leben hatte, mit zwei Weltkriegen, Verbannung, Flucht, bolschewistischer und nationalsozialistischer Barbarei, kann man nur bestehen, wenn in der Kindheit die Bollwerke der Seele angelegt, wenn ihre Vorratskammern damals mit Gewißheit und Verheißung, mit Vertrauenskraft und Anspruch gefüllt worden sind. Erinnerung daran, daß in auswegloser Lage Rettung, im Streit Versöhnung, in den Wirren des Jungseins Freundschaft möglich war; die Erinnerung daran, daß es Verwandte gab – in großer Zahl – zu denen man selbstverständlich gehörte, eine Sprache, die man pflegte, ein Land, dem man Schutz und Ordnung, ein anderes, dem man eine großzügige Lebensart, die Erfahrung der Weite, den Mut zur Unmittelbarkeit verdankte; die Erinnerung schließlich an Menschen, die ihr Leben gemeistert haben, an Helden und Helfer, an die Mutter, die die Teufel bannte, die aus der eigenen Seele kamen, und die Mittel der Selbstwehr lehrte, an die Freundinnen, die ihre Kinderschwüre hielten, an geliebte Lichtgestalten – diese Erinnerung schenkt die Lebenskraft, die wir in finsteren Zeiten brauchen. Welche Weisheit, welche Bücher, welche Morallehre könnten das ersetzen!

Man kann das Buch auch anders lesen: auf der Suche nach dem *Quell* der Kraft findet man die *Kraft*. Sie kommt nicht aus Sking (der Formel, unter der sich die Mädchen Isa, Nita und Gitta verschworen, der Kreatur zu helfen), sie *ist* die Kraft der Phantasie und die Leidenschaft des Wollens, die den drei Kindern Sking ermöglichte (Sking). Nicht aus dem Singen kommt Rettung, sondern da haben drei Kinder in angstvoller Lage die Kraft zu singen (Steckenpferde). Nicht »das Wissen um das Geheimnis der Sprache« hat den Balten geholfen, sich ihre Art zu bewahren, sondern diese Menschen haben ihren Überlebenswillen in diese Sprache gelegt (Haggers). Onkel Kescha überdauert die Todeszelle nicht durch die Erinnerung an die große Radfahrt von St. Petersburg nach Moskau, sondern die gleiche Kraft, die ihn überleben läßt, gibt ihm die Kraft, Tag für Tag mit dieser Erinnerung zu füllen (Die große Meditation). Freilich, wer nicht singen kann, wer keine Sprache hat, in der ein Fontane oder ein Lermontow geschrieben hat, wer keine Erinnerung hat, dem nützt auch die Kraft nicht, die wir Charakter nennen. – Wie gesagt, so *kann* man es auch sehen. Jeder denke gründlich über seine eigene Antwort nach.

Als die Nazis ihren Mann abholen und der neunjährige Sohn zu weinen beginnt, kann Nita Lindenberg sagen: »Diesen Leuten zeigt man nicht, daß sie uns treffen können!« Sie kann von anderer Hilfe fordern, wo sie allein nicht weiter kommt. Sie geht in die Höhle des Löwen, nein des Schakals, und nimmt das entrissene Kind wieder an sich, ohne zu fragen, ohne sich umzusehen, ohne Folgen. Sie beseitigt kurzerhand den Beschlagnahme-Bescheid von der Haustür. Sie hängt das Plakat der Feinde auf: »Feind hört mit«. Sie ist überzeugt, daß *sie* gefordert ist, daß es keine belanglosen, sondern wenn schon, dann nur bedeutende Zufälle gibt. Sie weiß, was sie zu tun hat, erstens, weil es auf sie ankommt, auf den, der jetzt da ist und versteht, und zweitens, weil, wenn sie scheitert, es andere Auswege geben wird. Das Gute ist nie verloren. Dessen ist sie gewiß. Sie hat es ja erlebt – von Kindertagen an.

Hartmut von Hentig